ETFE

Technology and Design

国外建筑材料与设计丛书

ETFE 的技术与设计

[美] 安妮特 · 勒古耶　编著
姜忆南　李　栋　译

中国建筑工业出版社

著作权合同登记图字：01-2009-2549号

图书在版编目（CIP）数据

ETFE的技术与设计/（美）勒古耶编著；姜忆南，李栋译．—北京：中国建筑工业出版社，2010
（国外建筑材料与设计丛书）
ISBN 978-7-112-11930-1

Ⅰ.E… Ⅱ.①勒…②姜…③李… Ⅲ.薄膜结构－建筑设计 Ⅳ.TU33

中国版本图书馆CIP数据核字（2010）第045775号

责任编辑：孙 炼 武晓涛
责任设计：赵明霞
责任校对：赵 颖

国外建筑材料与设计丛书
ETFE 的技术与设计
[美] 安妮特 · 勒古耶 编著
姜忆南 李 栋 译
*
中国建筑工业出版社出版、发行（北京西郊百万庄）
各地新华书店、建筑书店经销
北京嘉泰利德公司制版
北京云浩印刷有限责任公司印刷
*
开本：787×1092 毫米 1/16 印张：10 字数：252 千字
2010 年 8 月第一版 2010 年 8 月第一次印刷
定价：49.00 元
ISBN 978-7-112-11930-1
(19173)

目录

可持续性新技术

ETFE 膜材在建筑设计及技术领域所产生的深远影响，是任何一种新型材料难以匹敌的。在过去的一个世纪里，天才的设计师在建筑材料和建造技术领域曾进行过大量的探索。虽然那些材料技术极富创新性，但由于并不实用，往往只是昙花一现。例如 20 世纪 50 年代发展起来并在 60 年代风靡一时的混凝土壳体结构，在建筑经济学和设计美学对于混凝土材料技术的要求不断提高的前提下，最终被结构领域淘汰；繁荣于 20 世纪 80 年代的张拉膜结构，自 90 年代开始同样走向衰落；最具代表性的是在建筑领域中广泛采用的玻璃，1955 年前后，浮法玻璃开始进入工程领域，它使单平板片玻璃的尺寸大大增加，而且，更加坚硬与透明，尽管如此，由于存在自重大、易碎和密封性能差等问题，致使多层玻璃顶棚的建造不仅造价高昂，而且具有一定危险性。ETFE 的出现为那些苦苦寻求轻质、强韧、耐久以及密闭性良好材料的设计师们提供了新的选择。他们有理由相信，这种新型材料在建筑领域必将大放异彩。

我首次接触 ETFE 膜材是 1980 年，当时布罗 · 哈珀德 (Buro Happold) 正致力于研究在北极建造一座覆盖在罩体下的城市，命名为“北纬 58° ”(58 Degrees)。基地位于北阿尔伯塔省距 Fort MacMurray160km 的亚伯达河旁。作为辛克鲁德公司 (Syncrude) 采集焦油砂的厂区，该地环境异常恶劣，冬季寒冷刺骨，夏天则充斥着成群咬人的黑蝇。城市罩体的研究工作由加拿大建筑师阿恩 · 富勒顿 (Arne Fullerton) 主持，吸引了来自加拿大和欧洲众多相关学者的关注，其中就包括弗雷 · 奥托 (Frei Otto)、特德 · 哈珀德 (Ted Happold) 领导的巴斯大学建筑工程系研究小组、伦敦城市大学的麦克 · 巴恩斯 (Mike Barnes) 等人。此外，巴斯大学的园艺学家彼得 · 索迪 (Peter Thoday) 和人类学家 Ed Van Dyke 分别就植物生长条件以及光线刺激对于人类行为的影响两方面提出了各自的建议。

起初，研究小组试图采用充气式膜结构。

1

1__"北纬 58°"，罩体下的北极区城市，1980 年设计，预计外层覆盖 ETFE 气枕

虽然仍存在许多制约因素，但对于聚四氟乙烯（PTFE）玻璃纤维仍寄予了极大的期望，可当研究小组参观完几个采用充气式顶棚的体育场馆后，他们最终认为玻璃纤维膜并不理想，因为该材料透光率仅为 10%，而且膜面污染后会令光色偏黄。考察使我们更加坚定地认识到，覆盖在北极城市上空的膜材应当保证冬季有充足的可见光透射进来，并满足植物生长所需。除此之外，罩体还应至少是双层的，以避免寒冷气候条件下膜面内侧结霜。

显而易见，作为可选材料无论是玻璃还是硬质透明塑料都不能满足要求，都存在不可回避的缺陷。一位来自瑞士杜邦公司（DuPont）的代表曾建议采用一种名为泰德拉（Tedlar）的聚氟乙烯薄膜。但因其耐火性差，最终未被采纳。特氟龙（Teflon）–FEP 和被杜邦公司称作特氟泽尔（Tefzel）的乙烯 – 四氟乙烯聚合物（ETFE）材料最终成为当时可供选择的两种材料。FEP 曾应用于阿纳姆动物园，但时间不长便因撕扯而遭到破坏。此后经杜邦公司代表介绍，研究小组才意识到 ETFE 优越的弹性及韧性似乎更能满足工程使用需求。于是针对该材料的张拉性能实验在城市大学迅速展开。试验发现，ETFE 的荷载 – 形变曲线非常神奇，材料的弹性范围很小，但在材料失效前其形变却可达到先前的四倍。除非遭到利器的破坏，通常情况下材料能承受极高的压力而不屈服。

研究小组最终决定采用乙烯 – 四氟乙烯聚合物（ETFE）来覆盖 150000m^2 的场地。罩体采用索网结构支撑，其上附着 1.8m 宽的气枕形成的膜面，气枕沿宽度方向的边缘通过三元乙丙橡胶（EPDM）圈与不锈钢截面连接。该方案得到了阿尔伯达省公共工程与住房部部长汤姆 · 钱伯斯的大力支持。然而时隔不久，由于石油价格的下跌以及焦油砂采集被禁止，该研究项目进入停滞状态，当 10 年后重新启动焦油砂采集时，机器人技术的普及导致前往该地区工作的人员数量大为减少，因此北纬 58° 项目最终没有实施。

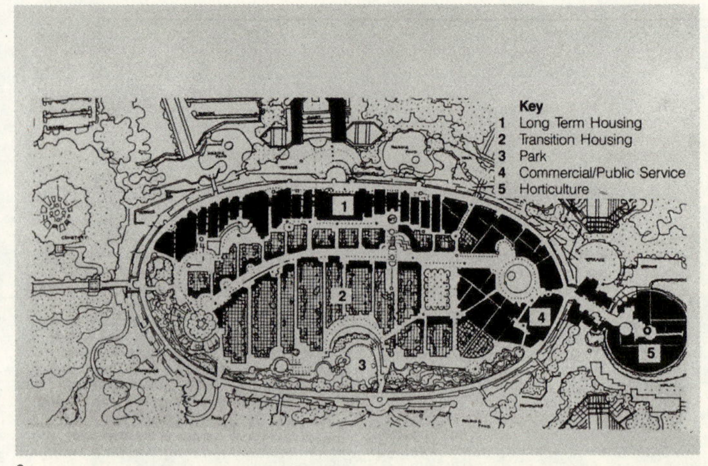

2

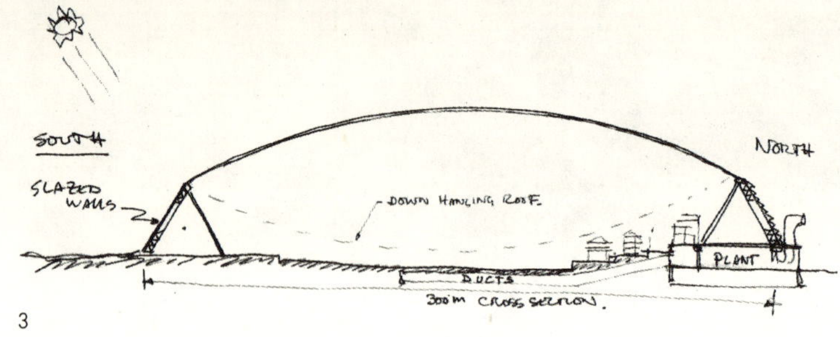

3

2__ 平面规划为 10000 名矿业工人提供住所
3__ 横截面草图

1987 年，布罗 · 哈珀德受邀作为伦敦切尔西和威斯敏斯特医院中庭及内部廊道加盖顶棚项目的顾问——那是我第二次有幸参与采用 ETFE 膜材的实际项目。最初，建筑师打算采用玻璃纤维顶棚，但我们建议采用铝合金框架结构支撑乙烯－四氟乙烯聚合物（ETFE）气枕顶棚的方案，以提高室内的透光量及保温性能。该中庭通过空气对流引入自然通风，从而成为半室外化的公共活动空间。医院部分房间向中庭开窗，以解决通风和采光。此前，乙烯－四氟乙烯聚合物（ETFE）薄膜已经应用于多个游泳池顶棚的建造中。福伊特克公司（Vector Foiltec）特意为该项目开发了可以支撑三层膜气枕的铝合金框架。该顶棚结构中，包含了排水管道以及为气枕充气的管道，顶棚铝合金拱架跨度达 18m。

在城市建筑中，由于对新材料的认知不足，ETFE 气枕式膜结构建筑时常被拿来与那些采用钢或玻璃结合的传统钢结构进行比较。一份针对建筑全生命周期工程投资的调查表明，ETFE 气枕式膜结构相对低廉的维护成本较传统结构存有巨大优势。我们曾经参与设计的 ETFE 气枕式膜结构顶棚，至今仍正常发挥着作用。更为重要的是，该项目为我们铺平了在城市建筑中采用 ETFE 膜材的道路。作为项目设计师，本 · 莫里斯甚至转而投向铝合金支撑框架的构造研究，并最终加入并参与了福伊特克公司的发展。

第三个我想介绍的工程项目是由一家新兴公司委托的汉普郡网球俱乐部，他们希望设计方案能为俱乐部带来崭新的面貌。设计小组提议采用轻质、透明的 ETFE 膜材覆盖整个网球中心，从而营造一种类似于户外环境的效果，同时又可避免真正室外环境中存在的眩光、风雨等侵扰。通过与本 · 莫里斯的讨论，我们最终决定采用张拉索支撑 ETFE 气枕的方式形成罩顶。然而，当方案和资金投入均经过客户的认可，准备进行详细策划时，合同谈判却令该项目的启动日期一再延迟，最终仅剩下很短时间对建筑方案进行详细推敲，项目最终于 1995 年竣工。事实证明，该工程

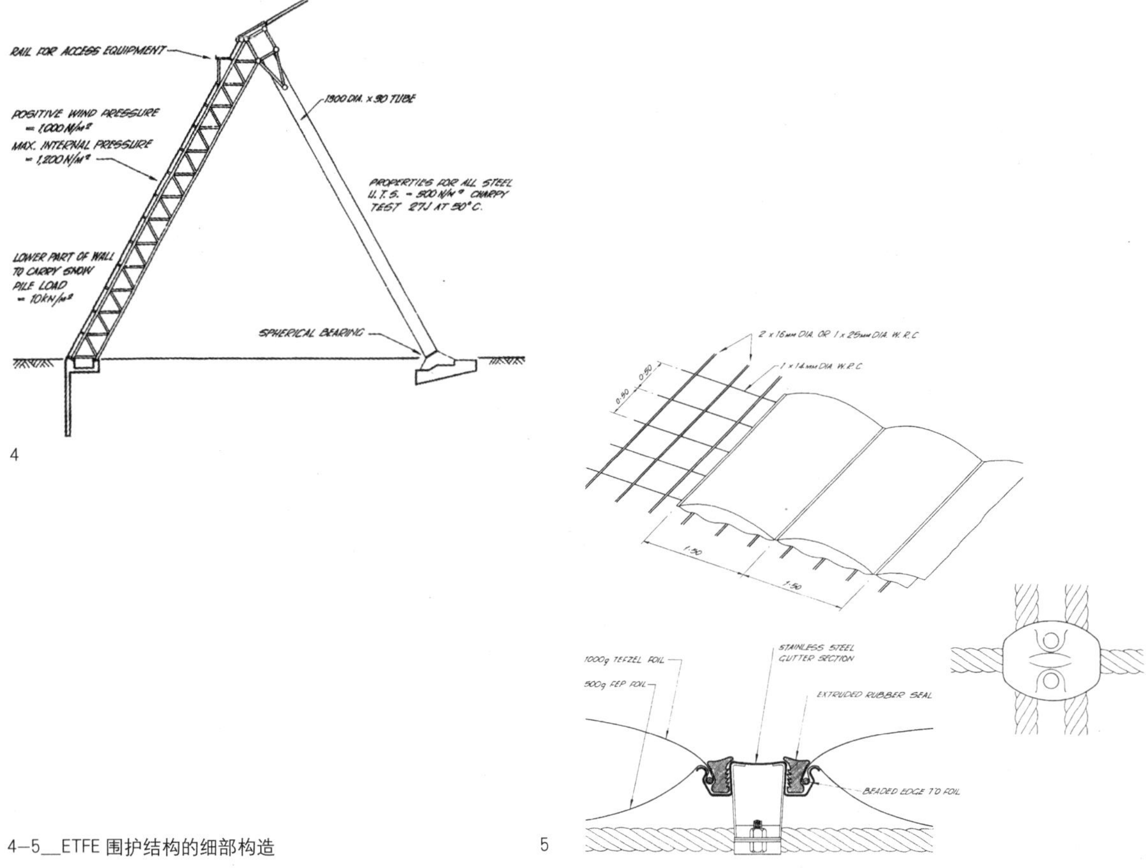

4

5

4—5__ETFE 围护结构的细部构造

仍然是非常成功的。

俱乐部气枕膜结构罩棚采用 50% 透光率的白色膜材。阳光直射在双层膜面上，太阳影像被减弱成一个小红斑。眩光的消除将俱乐部打造成为理想的网球场。夏天，所有的室内场地均被订购一空，而那些免费的室外场却无人问津。网球俱乐部的成功让我意识到，ETFE 气枕系统与索网结构的结合对于大跨空间的实现将起到至关重要的作用。令人遗憾的是，在技术和工期都允许的情况下，英国的千年穹顶却没有采用 ETFE 气枕式膜结构。

从上述早期案例中不难看出，ETFE 气枕式膜结构在强度与耐久性上的表现没有辜负人们的期望。即使存在风荷载的作用，局部的破坏也不会产生连锁反应，专用胶带可进行及时修复。不过在气枕上行走却是被严令禁止的。汉普郡网球俱乐部的顶棚就因穿着笨重工靴的维修工人的踩踏而留下了明显凹痕。

对于设计师来说，能够找到一种适合的材料满足覆盖更大面积的场地的需求，是一件值得欣慰的事，我们甚至梦想借此可以实现笼罩整个城市。然而，ETFE 气枕式膜结构是否会被新技术所代替，新旧技术更替的故事是否会再一次上演？至少目前这种担心是多余的。因为全世界各地正在涌现出越来越多的 ETFE 气枕式膜结构项目，对于 ETFE 膜材产量的需求也在逐年增加。成本优势及环境效益无疑是最大的驱动力。当然，技术更迭的风险始终还是存在的，系统故障导致的高昂修补费用也不可避免。然而使该技术表现不尽如人意的，恰恰是那些项目管理者。同气承式膜结构相比，他们那些所谓的节约造价的要求，往往是由于降低了技术成本，为最终失败埋下了种子。虽然 ETFE 气枕式膜结构技术看似简单，但只有通过认真的工程监管及完备的细节处理才能最大限度避免问题的产生。因而工程师和承建商都应慎重选择。福伊特克公司作为这一方面的先驱者，致力于 ETFE 膜材特性的研究，通过他们不断的创新，这项技术已经日臻成熟。

引言
需求、权利和有效荷载

充气式结构——理念与技术

20世纪前半叶，设计师曾畅想将气体作为一种建筑材料运用在建筑中，而那些极富创造力的建筑最终得以矗立起来却是近半个世纪的事。随着建筑与工程技术的不断进步，建筑构思与新的技术之间形成了互为促进、同步发展的关系。充气式结构作为一种新兴建筑形式，由于它超越了传统学科的范畴，因此在获得认同的过程中经历了一个漫长的历史阶段。

亚述的几幅图片分别显示的是勇士正借助充气的山羊皮穿越河流的情形[1]，以及希腊、罗马人用充气的动物皮制作的水下呼吸装置和士兵用于休息的气垫。[2] 13世纪，作为圣芳济会的修道士，罗杰·培根曾经设想过比空气还轻的气球，他将神学、炼金术与流体科学结合到一起，设想“若是将巨型薄壳组成的金属球内注满稀薄气体，那么它可能将会升上天堂。”[3]

据称，15世纪末，热衷于绘制飞行器的莱昂纳多·达芬奇，同其他许多艺术家一样使用猪膀胱储存颜料，他也许是最早认识到空气固有的美学价值的艺术家。因为他曾利用膨胀的猪膀胱制成一个密闭的小空间。[4]直到17世纪下半叶，神父弗朗西斯科·拉娜（Francesco Lana）在真空环境中利用薄铜片制造出一个球体，才最终将空气应用向前推动了一大步。[5]

1783年，法国纸业制造商兼业余科学家孟高尔费兄弟（Montgolfier）将寻求飞翔在天空中的梦想最终变为现实。他们借助亚麻布内表面衬纸的方式制作了一个直径107m的口袋，通过向布袋内充入经火加热的空气，最终实现了“把云装入袋子”的构想。[6]实验的消息很快被传播开来，当他们在凡尔赛宫面对国王再次重复这个实验时，约有10万人前来观看，人们“如同朝圣一般涌向现场”。[7]这个由亚麻布内衬纸张制造的热气球，当时承载的是一只羊、一只

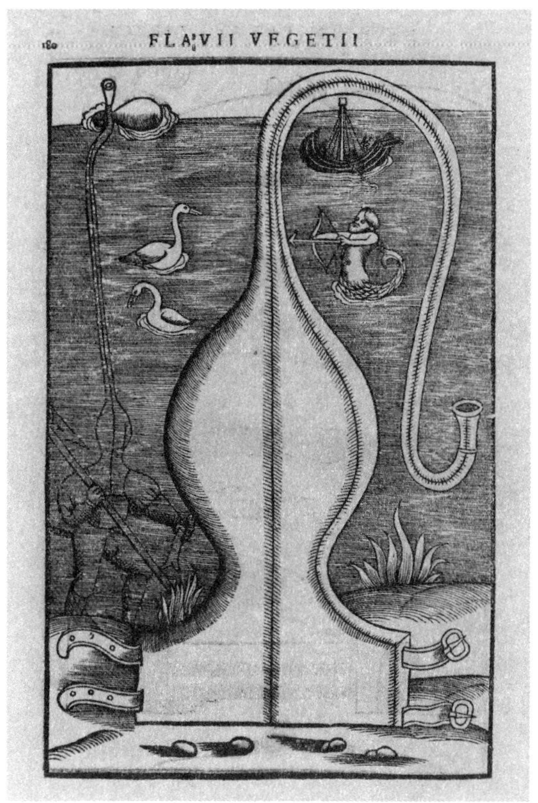

1

2

1–2__ 罗马人将兽皮缝合后改装成潜水呼气器和气床

鸡和鸭的重量。几个月后，另一架孟高尔费气球实现了载人飞行，由雅克 · 查尔斯和尼古拉斯 · 罗伯特驾驶的氢气球则紧随其后进行了试航。他们当时所用的球胆皮是由浸过橡胶的丝绸制作而成。[8] 此前，氢气球飞行还仅仅是个幻想，然而1783年还未结束，乘氢气球飞行便已成为一种流行的、浪漫的、大众化的冒险活动。[9]

一时间，氢气球成为娱乐与权威的混合体。尽管孟高尔费气球曾经装饰有金质鸢尾花形纹以取悦于国王，但当时的评论家却认为，小小的气球已经将世俗的、伦理的、政治的世界彻底颠覆了；科学开始凌驾于宗教之上，人类逐渐开始驾驭自然。当代历史学家西蒙 · 斯卡玛（Simon Schama）强调指出了凡尔赛气球背后隐含的影响力，"观看在凡尔赛宫放飞的气球，再也不是某些人的特权。当天到场的所有人都分享了这一切。在地面上，贵族们仍享有某种程度的特权，然而在空中，飞行场面顷刻间民主化……这样的场面起先是不可预知的，人们是陆续、自发的聚集到一起……从某种意义上讲，一大群普通市民见证了人们可以解放自己、自由飞行的事实，他们获取的是一种与广阔空间瞬时结合的体验。"[10]

虽然气球的升空被视为是一场民主现象，然而其本身却一度沦为战争的工具。最初拿破仑的军队曾用它在空中侦察战场并指挥炮击。而后在包括第一次世界大战在内的多次战争中，都曾出现过氢气球的身影。1849年，因为不可预测的大风，奥地利人利用200个小型热气球轰炸威尼斯的计划收效甚微，使得人们对于气球承载力的要求开始大幅提高。[11] 在极地探险中，气球也曾被用作交通工具，但在变化无常的天气条件中，操作上稍有不慎便可能将整个探险毁于一旦。

截至1900年，为克服上述问题，孟高尔费的"圆形气球（globe airostatique）"已演变成雪茄形飞船，这是一种带导向系统的飞艇。为减轻推进系统的重量，煤炭和蒸汽装置也被汽

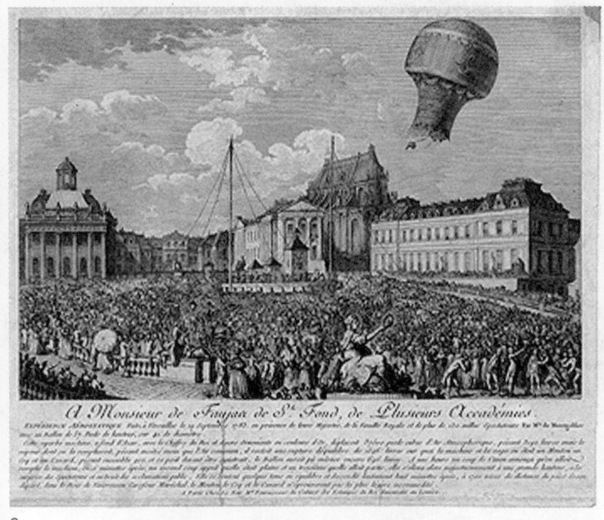

3

4

3__1783 年，孟高尔费的热气球在凡尔赛升空，推动了民主化进程

4__在第一次世界大战拿破仑指挥的战争中，飞艇开始用于敌方战地侦察

油和内燃机所替代。飞艇在军事中得以重用的同时，由于载重量的增加，在民用领域的应用开始上升，人们借助飞艇开始在数千公里长的大西洋航线上穿行。然而，充满氢气的飞艇极易引发火灾，1937 年“兴登堡号”的失事最终迫使飞艇旅游停滞。尽管如此，二次世界大战期间，气球仍被用于侦察或是作为防御性的障碍物使用；而飞艇则用来扫雷和空中侦察；一些充气物充当假目标或临时建筑使用。

恩斯·马罗瑞（Keith Mallory）和阿维德·奥特（Arvid Ottar）在他们合著的《战争建筑》一书中写到，“1900 ~ 1945 年间，军事工程建设呈现两种明显的倾向：一种是新事物否定旧事物的进化发展方式，例如坦克就是堡垒轻型化的结果；另一种则是技术上真正从量到质的跨越，是一种完全创新性的发展方式。”[12] 显然第二种思维更具远见卓识，它并非仅仅局限在飞艇技术的研发上，而是为思想提供了更为肥沃的土壤，从而催生了气承式支撑结构，其为此后的地面防御体系、高空科学研究以及日后的太空竞赛打下基础。而这些跻身于强大军事领域的技术的发展反过来又将对公共领域产生深远的影响。

伊甸园——理念与技术

充气式结构理论和技术的发展始终伴随着人类追求建立理想家园的努力。最为古老、久远的梦想可追溯到空中花园。记载于旧约之中的伊甸园，其名称最早源于希伯来文中的“喜悦”，如今已在许多古老的文化中形成特定概念。“天堂”一词本身包含花园、穹顶以及围墙的含义。无论是在伊甸园、还是天堂中，“花园”都是有边界的，花园内人与自然和谐相处，与之形成鲜明对比的是花园外残酷的现实环境。伊甸园是人类现实生活中的向往之地，特别是罗马人，他们通过各种方式给室内加温以创造有

5

6

5__1901 年，一艘飞艇在 30 分钟内完成了往返圣克劳德与埃菲尔铁塔间的 11km 路程，因此受到褒奖
6__ 伊甸园内外决定着人与自然是共生还是对立的关系

别于室外寒冷气候的温暖环境。[13]

文艺复兴时期，对于人本主义的关注唤醒了人类对理想世界的向往。1516 年，托马斯·莫尔（Thomas More）在其撰写的《乌托邦》一书中指出，乌托邦就是完美社会、政治体系的代名词。无论如何，乌托邦的概念同伊甸园一样，实质上是根植于和谐社会，着眼于人与人的关系，有别于周边严酷的现实环境。文艺复兴时期对自然界进行的系统性研究促使第一座植物园于 1534 年在帕多瓦建成，该植物园力图将整个生态系统浓缩在一起。这些希望通过创造人工气候调节植物生长的科学实践，促进了伊甸园的概念向着早期科学温室的迈进。

1654 年，修·普拉特（Sir Hugh Platt）在其《伊甸园》一书中关于温室园艺及其魅力的论述中提到，尽管“温室园艺仍然被视为一种巫术”[14]，但宗教理念似乎已经开始对现实屈服。从 17 世纪到 18 世纪，同充气式结构的发展一样，众多技术更加容易为大众所接受。英国和荷兰开展了对于世界范围内的各种植物及其种子的采集工作，并在本国不断建造大量花样繁多的花园和温室，以容纳和观赏这些奇花异草，高效的“环境机器（environmental machine）”一词由此衍生而来。瑞典自然学家卡尔·林奈（Carl Linnaeus）将位于莱顿附近的一座私人动植物园誉为“具有艺术性的自然杰作”[15]。伊甸园中与世隔绝的完美世界正被人类努力地实现着。

直至 1817 年，投身这一新兴园艺业的企业家约翰·克劳迪斯·路登（John Claudius Loudon）这样赞美他的温室：“……在隆冬展现春夏的美景……是对人类驾驭自然的崇高赞颂。”伊甸园中和谐共生的理念至此已发生了转变。“这种环境幻想的文化”[16]，与 1840 年英国为鼓励玻璃大规模生产采取的取消玻璃税的经济手段一起，使玻璃产量大幅提高，该举直接刺激了大量温室暖房的建造——通过使用加热、

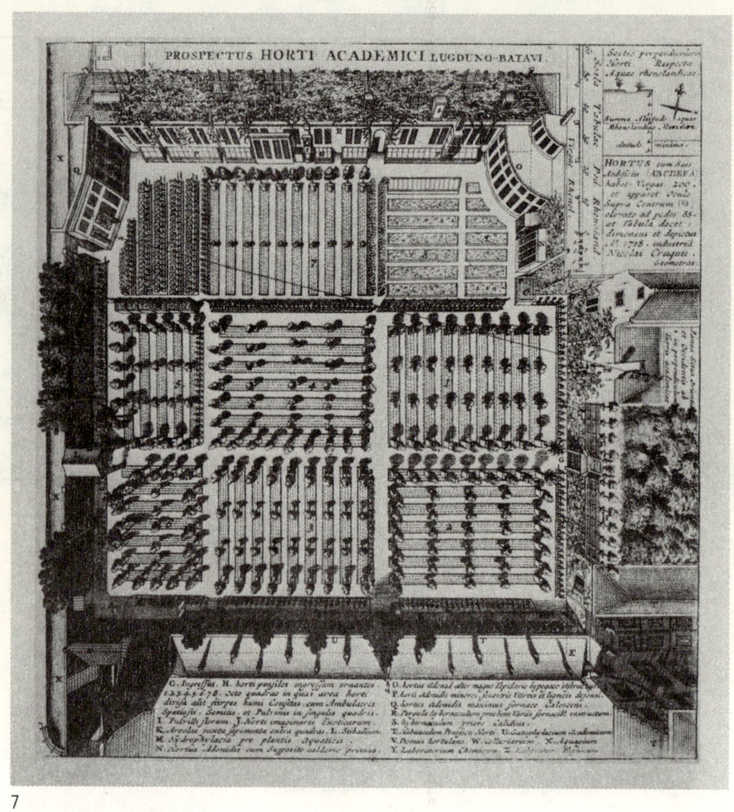

7

7__ 建于 1718 年的莱顿大学植物园见证了人类将自然纳入伊甸园的设想

通风以及遮阳装置创造适宜植物生长的人工环境——其原理同玻璃连廊或中庭给人类生活带来的好处如出一辙。

技术的进步催生出 19 世纪英国海德公园世界博览会中水晶宫的出现，这座由约瑟夫·帕克斯顿（Joseph Paxton）设计的伟大建筑代表着当时园艺温室的顶峰，它昭示着人类驾驭自然的能力已转化成政治和经济上的公开宣言。完美、和谐的伊甸园如帝国一般孕育出空前繁华的人造景观。当海德公园里中许多大树被巨大的玻璃罩所笼罩时，自然也沾染了些许的商业成分。作为当时最为庞大的建造工程，水晶宫对环境围合所产生的深远影响被 19 世纪德国的评论家理查德·卢卡（Richard Lucae）记录了下来，“当我们身处透明的玻璃盒子中，室内室外的概念已经不复存在。我们与周围景物之间的屏障如同一层空气一般通透。如果我们将空气想像成液体，那么这层空气被模具凝固成有形的固体。我们自己也身陷其中。身处有形的空气中，人们却很难对其形式和体积形成明确的概念。”[17]

卢卡的评论除了阐述人类已经具有建造天穹的经验以外，也预示了充气式结构这个 20 世纪将得到长足发展的特殊技术的雏形。同样，6 个月便矗立起来的水晶宫，在 5 个月的博览会之后被拆除，如同孟高尔费的气球一样，看似自发而短暂。然而这种新型轻盈的建筑形式，既实用又具有开拓精神，为建筑领域最终出现充气式膜结构作出了巨大贡献。20 世纪，人类对充气式结构的构想[18]与对于完美世界的憧憬交织在一起，促使新理论和建造人工环境动议的产生。无论是理论还是工程都在满足人们对于娱乐的追求，或是政治和军事的需求，或是经济方面的需要。

8

8__1851 年建成的水晶宫昭示着轻质结构将统治整个 20 世纪

1__Adriaan Beukers 和 Ed van Hinte.《轻质》(鹿特丹:010 出版商) 1998, p.157。
2__Leonard C. Bruno.《传统技术》(华盛顿:美国国会图书馆) 1995, p.18。
3__Roger N. Dent.《充气式建筑原则》(纽约:Halstead 出版社,John Wiley & Sons 有限公司)1972,p.24。参考 B. Clark 的《飞艇的历史》。
4__W. Sharp."空气艺术."《建筑设计》(1968 年 3 月) p.99。
5__Dent, 上述索引, p.24。
6__Bruno, 上述索引, p.209。
7__Simon Schama.《公民:法国大革命史》(纽约:Alfred A.Knopf 出版社) 1989, p.124。
8__Bruno, 上述索引, p.209。
9__ 同上, p.209。
10_Schama, 上述索引, p.131。
11_Beukers 和 van Hinte. 上述索引, p.131。
12_Keith Mallory 和 Arvid Ottar.《战争中的建筑》(美国:万神殿书局) 1973, p.269。
13_John Hix.《玻璃房子》(伦敦:Phaidon 出版社) 1974, p.9。
14_ 同上, p.10。
15_ 同上, p.13。
16_ 同上, p.19。
17_John Mckean.《水晶宫》(伦敦:Phaidon 出版社) 1994, p.32。
18_短语"充气式结构的构想"来自 Marc Dessauce 刊登在《充气时刻》上的文章"On Pneumatic Apparitions"。(纽约:普林斯顿出版社和纽约建筑协会) 1999, p.13。

充气式膜结构构想：建筑理念与应用

1917年，英国工程师弗雷德里克·威廉·兰彻斯特（Frederick William Lanchester）首次将充气式结构引入战地医院设计的方案中。这是一个用纤维织物构成的表皮封闭的帐篷，内部充入较低气压的气体将其支撑起来，完全摆脱了梁柱组成的传统结构体系，帐篷出入需经过气锁门。20年后，他同自己的建筑师兄弟设计了一座由气压支撑、索网束缚、直径300m的展厅。[1] 1942年，源于美国战时生产委员会（War Production Board）的需要，工程师赫伯特·H·史蒂文（Herbert H.Stevens）和设计师布什（Al Bush）开展了一项用于飞机制造厂房的设计，他们提出利用气压支撑1.2mm薄钢板的方案，实现净跨度366m的空间。[2] 然而，技术的滞后最终导致这些天才般的构想未能实现。

轻质

巴克敏斯特·富勒（Buckminster Fuller）的远见卓识令他在设计、科技以及工业领域一直担当着企业和政府的顾问，在轻型结构设计及建造方面他同样贡献卓著。富勒经过比对船舶、飞艇以及飞机相对自重的空间有效性后，对于以轻质建筑结构为题的研究产生了兴趣；其一生的几个机遇促使他在军用领域展开了关于易于运输的轻型结构的研究。二战后，富勒的研究则转向将这些军事技术转化为民用技术。

结构的有效性是富勒进行技术攻坚的主题。出于对工业生产效率与环境保护双重责任方面的考虑，富勒将“轻质”的概念定义为：“少费多用”，即采用尽可能少的材料获得尽可能大的空间。1951年，先于可持续概念提出的很多年以前，富勒便提出了“宇宙飞船地球”（Spaceship Earth）[3] 的概念，在他看来，地球作为一个世俗

1

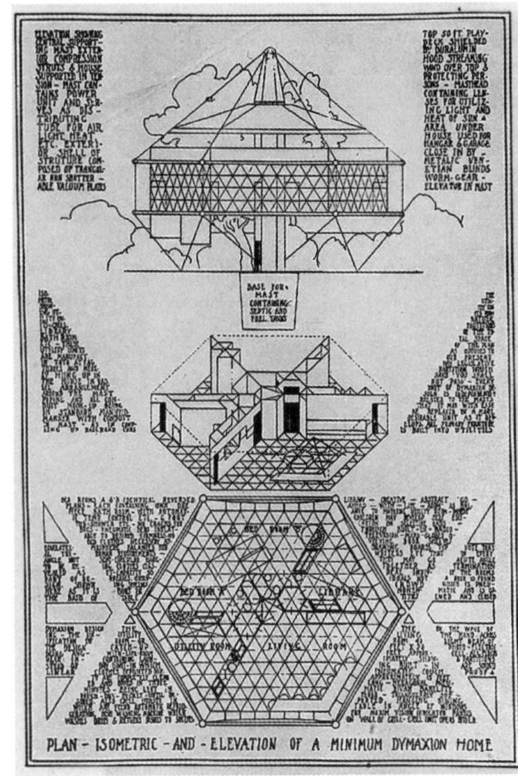

2

1__ 巴克敏斯特 · 富勒于 1929 年提出名为 Dymaxion House 的方案，采用充气式结构构件。
2__ 平面图，轴测图和立面图

化的伊甸园，人们若想在此生存下去，必须首先学会与自然的和谐共生。1969 年，这个永恒的话题在他的著作《Utopia or Oblivion》中被再次提及。理想主义背后隐藏的悲剧性命运在这本书中被展现得淋漓尽致。富勒一生致力于将他的生态哲学理念融入设计之中。

他早期关于轻型住宅的研究中，重点在于新形式的大众化住宅方面，它要求住宅不仅重量轻而且形式新颖，令人愉悦，如同伊甸园一般。住宅以张拉结构为特征，构件均由轻质材料预制而成，通过直升机运抵施工现场，理论上像飞船飞临地球般轻触地面。1929 年，上述理念最终催生出 Dymaxion House 这一设计方案——其中“Dymaxion”（以最少结构提供最大强度）是由“动力”（dynamic）和“最大化”（maximam）两个词拼合而成——一种大规模生产的单身家庭住宅，效仿自然界中的树和人的系统。设想整栋房子由中间的硬质铝管支撑，管内注有高压气体，以钢琴弦构成多个张拉三角形，如同战舰上的桅杆。同理，张拉在三角形支撑的钢索之间的地板由双层弹性表皮组成，中间充气起阻尼作用，上层地板计划由合成皮革制成。[4] 然而 Dymaxion House 的设想并没能实现。直至 1944 ~ 1946 年，这一思想延续到对威奇托之家（Wichita House）原型的探究中，而会动装置不再起结构的作用。

富勒对于轻型网格球顶和整体张拉式结构的研究得益于科学家和医生们对于自然界中类似结构的认识。[5] 网格球顶在下文提到的有效荷载和伊甸园的概念过程中还将详细阐述：“作为前沿技术的开拓者，富勒一直致力于体积与重量之间、材料使用与有效表面之间以及装配时间与可变性之间的关系达到最高效率方面的探索。穹顶的出现打破了惯用的矩形建造体系，将人们的想像力从原有的桎梏中解放出来。”[6] 同样，富勒与纽黑文的伯格兄弟（Berger Brothers）的合作最终产生了充气式结构与张拉结构的有机结合。由这种结

3

4

3__1967 年蒙特利尔世博会美国馆，由富勒设计，是一座直径 76m 的双层网格穹顶，覆盖着透明的丙烯酸树脂板

4__ 富勒的气压网格穹顶模型，由纤维织物组成的双层墙体构成

构构成的轻型穹顶，采用充气式夹芯构造，通过两层之间的拉索保持膜面距离不变。[7] 膜面织物采用的是一种单向织造工艺织成，由美国的古德伊尔开发并以“Airmat”注册了商标；该织物同期也是英国在卡丁顿的军事研究与发展局的研究成果。[8]

气泡与伊甸园

富勒结束了 1962 年好莱坞一座钢框架结构建筑及 1967 年蒙特利尔世博会美国馆等一系列张拉结构的研究之后，开始主持伊甸园项目。在以往的建筑中，边界的概念仅仅是将天空圈定起来，但在伊甸园项目中，“富勒追求的目标是将穹顶发展成为‘环境的控制器’。那不仅是包裹空间与微气候的一层外皮，同样也充当着界定领域与环境控制的工具。设计的最终目的是达成人与自然的共生关系。”[9] 虽然这其中并没有提到充气式膜结构，但上述结构形态仍被视为充气式膜结构[10]的最初原型，并为富勒所推崇，大众媒体更是形象化的将他的这一构想称为气泡。生命周期短且由气体支撑，气泡作为综合上述特点的实体形态，其最能代表富勒的轻质概念了。早在 1938 年的《月亮九链》一书中，富勒就曾写下他的效率公式：

效率 = 少费多用

∴ 强调效率 (EFFICIENCY EPHEMERALIZES)[11]

1960 年，富勒试图通过直径 2mile (3.2km) 的穹顶笼罩曼哈顿的构想得到了媒体的广泛关注，但类似的环境包围计划已经不是第一次被提及。此前，年轻的德国建筑师弗雷 · 奥托已经将“南极城市”的构想依托在巨型索网穹顶笼罩之下。虽然包括“南极城市”在内的众多方案均未得以实施，但为人类建造极地生存空间的理想一直贯穿于奥托职业生涯的始终。从奥托这些研究可以看出，他提升了富勒对于高效利用材料及生态可持续等临时性的观点。“我们所规划的大型项目，如覆盖

5

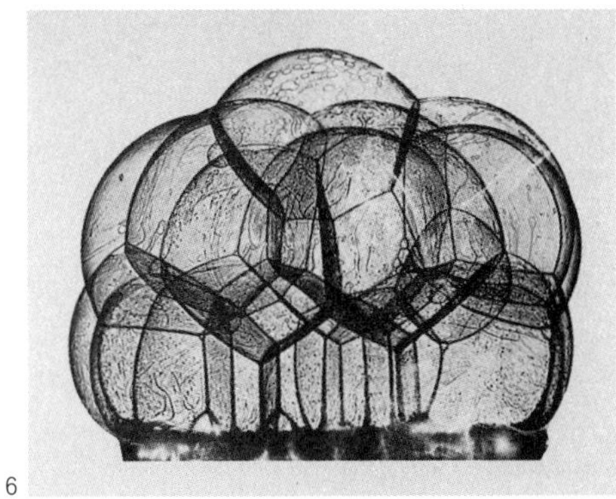

6

5__ 富勒的曼哈顿气泡达到了城市化的结构尺寸
6__ 奥托研究气泡自然形态中的结构效能

北极的穹顶或是沙漠的遮阳顶棚，都极具乌托邦色彩，我们将其定义为‘非建筑’。同类的建筑设想最早可追溯到1951～1952年间，我之所以将这些项目安置在极为恶劣的环境中，旨在表明通过我们的方案营造天堂般的人居环境具有可行性。这种如同乌托邦式的构想是建立在极为轻巧的结构形式下，结构荷载微乎其微，建筑仅仅是以物理、化学或视觉概念而存在，并且拆除后不留任何痕迹。”[12]

奥托在1964年建立了斯图加特轻型结构研究所，进行针对各种轻型结构的结构原理和理论方面的深入研究，并探讨性地指出空气具有作为一种结构元素的潜能。受到生物学的启发，奥托凭借最初的直觉和经验，在斯图加特生物与建筑研究所的生物学家约翰·格哈德的帮助下，他总结指出：所有细胞无论其内部充满液体还是气体，都可视作充满流体的膜。奥托在1962年出版的著作《张拉结构》(Zugbeanspruchte Konstruktionen）中，记载了通过肥皂泡模拟自然形态的找形实验，其旨在“证明空气是最轻质的建筑材料”。[13]

在奥托看来，虽然气泡的存在时间短暂，但对于环境及结构领域却具有指导性意义，同时还可作为宣扬政治理念的载体。他所构想的“云状顶棚”[14]便是对几十年前国家社会主义者大兴纪念性建筑的抵制，同时也是对二战后续建材短缺的回应。正如威弗尔德·那蒂哥（Winfried Nerdinger）的记载，斯格费里·吉迪恩（Sigfried Giedion）以及包豪斯都将现代建筑发展视为一种非物质化的过程而倍加推崇。“但除了奥托，很少有人会从社会关系角度出发探索轻型结构的哲学涵义。只有富勒将建筑的自重不仅视为衡量工业化发展，而且也看做是衡量人类发展水平的标尺。”[15]同富勒一样，奥托在“即兴创作”[16]心理学上的探索同他在轻型结构的基本规律方面的研究一样痴迷而尽心竭力。与富勒的网格球

7

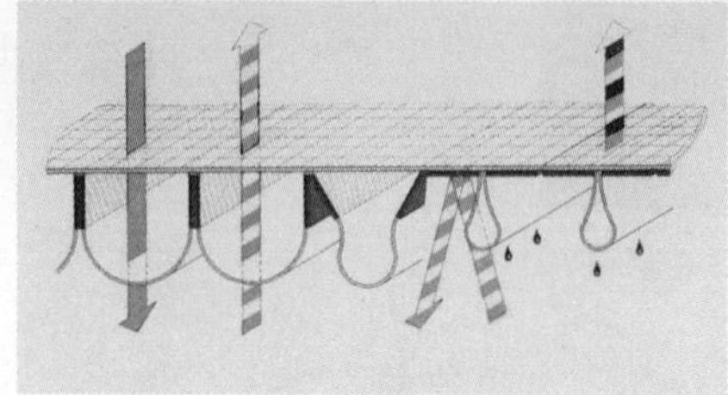
8

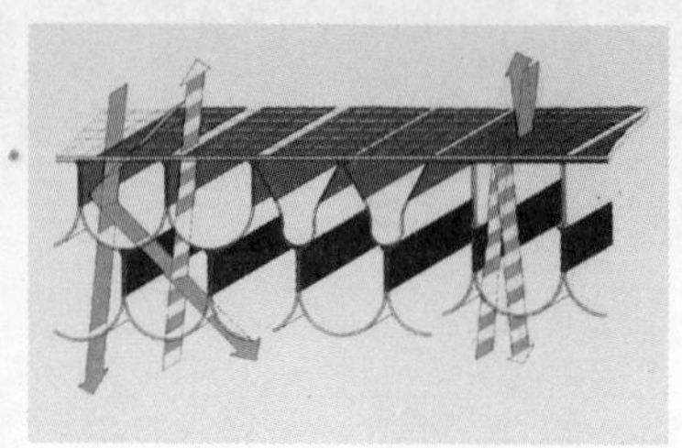
9

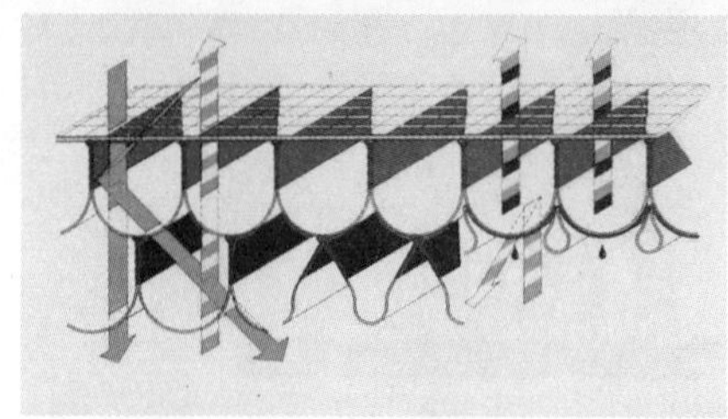
10

7＿ 奥托 1965 年有关大尺度气承式温室的研究
8–10＿ 在 20 世纪 60 年代，物理学家尼古拉斯 · 莱恩提出了一种通过气压调节变化的建筑表皮，以应对外部环境的变化
8　气动力墙右侧关闭情况下，形成了外部反射结构
9　双层表皮系统增加了隔热效果
10　双层表皮系统右侧关闭情况下可避免光线的射入

顶被证明与自然界存在某种程度的相似一样，奥托的气泡——作为最高效的结构载体——被视为天然具有节约型理念的结构模型。尽管奥托对气泡的研究持续了相当长的时间，但只有 1966 年在科隆建成的高压电研究室被认定为真正意义上的充气膜结构建筑。[17] 更重要的是，从 1941 年起，除了"城市尺度气泡"以外，包括充气式飞机库、工业厂房以及会议厅的设计接踵而至。在策划建造采用气承式膜结构的大型温室的过程中，奥托实现了自循环、复合结构、全生态化的 20 世纪的伊甸园的梦想。

复合结构与可伸缩表皮

除了记录奥托自己的研究，《张拉结构》还简要介绍了充气物、充气式建筑以及气动式结构，其中包括戏水池、人造卫星及最早应用气动结构的帆船等。更重要的是，该书还指出，在 20 世纪最后十几年中，由气枕结构、"全封闭的扁平状充气式膜结构"[18] 与表皮和骨架构成的复合式结构已经成为建筑领域发展气承式结构的两大前瞻课题。奥托将复合式结构直接与自然联系起来，指出"人或动物的身躯就是由起支撑作用的骨骼等刚性体与骨骼之外的肌肉、皮肤等弹性体共同构成的……整个肌肉组织都在有机膜的包裹之下。构成有机膜组织的独特细胞，其内部压力往往低于血压值。就如同注入了气体或液体的承压装置一样，这些细胞利用细胞膜形成封闭的空腔环境，以应对外部的压力。理所当然，细胞呈现出类似充气物体状也就不足为奇了。换句话说，充气式膜结构呈现出类似细胞的外形，也并非偶然结果，他们之间存在结构上的必然联系。"[19]

1967 年，在轻型结构研究所举办的研讨会上，物理学家尼古拉斯 · 莱恩（Nikolaus Laing）发表了针对多层充气式膜结构方面的研究，他指出该结构可有效减少制热、制冷过程中对自然资源的

11

12

13

14

15

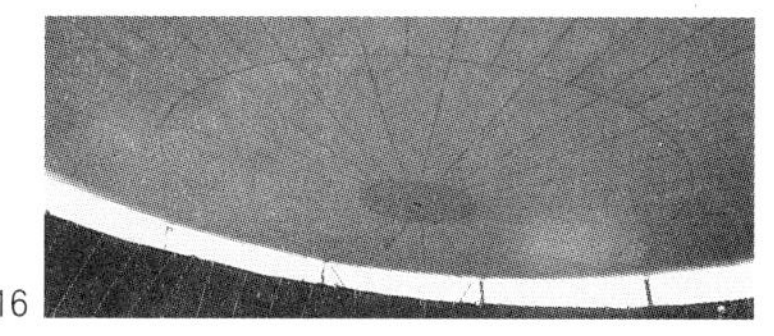

16

11__1948 年，沃尔特·伯德在北极地区为军方设计的雷达站

12–13__1957 年，《生活》杂志刊登了伯德的气承式游泳池罩顶

14–16__1959 年建造的波士顿艺术中心大剧院通过钢结构支撑起直径 44m 的充气气枕

消耗。1968 年 6 月的《建筑设计》刊载了莱恩设计的“移动膜片”，这个由金属薄膜构成的装置号称可以精确调节室内空气温度、光亮、湿度、降水量以及空气的流通，装置所需能量除小部分由外部供给用以控制膜面的伸展，其余全部来自太阳辐射。总结几个世纪以来人们天才般的想像，《建筑设计》指出：“若在纽芬兰岛营造出热带气候，在撒哈拉沙漠出现零度的气温，人类适宜居住的领域还将远远超过现有的范围。这意味着人类将有一种囊括所有常见气候控制功能的廉价便携式‘皮肤’。”[20] 而早在 30 年前这种将薄膜用于永久性建筑的设想就已实现。

早期的充气式膜结构建筑

与富勒和奥托注重充气式膜结构理论研究与舆论宣传不同，有些人更关注于理论的实际意义与经济价值，工程师沃尔特·伯德（Walter Bitd）就是其中之一。这位同样做研究出身的设计师被认为是第一个实现充气式膜结构建筑的人。在康奈尔航空实验室，伯德成功利用钢圈支撑充气膜的方式建造起一座雷达站。[21] 之后于 1946 年，美国空军又委托他设计适应北极极地气候的预警雷达站，要求雷达站所用建材必须易于携带且利于雷达信号的传输，同时还要隔绝极地恶劣的气候环境。继 1948 年低气压承载雷达站膜材球罩试验成功之后，于 20 世纪 50 年代先后建成了百余个气承式结构，采用的均为尼龙、涤纶包裹着乙烯、氯丁橡胶等制成的膜材。[22] 极地气候条件下充气式膜结构所体现出来的耐久性极大鼓舞了伯德。1956 年他成立了自己的公司并命名为“伯德结构”（Birdair Structures），继续设计充气式移动站、信号塔或军事设施，并继续开发商业领域的气承式和张拉式膜结构。随着工程准备阶段使用的充气式仓库、施工工棚以及温室等项目大量出现，沃尔特·伯德的充气式膜结

17

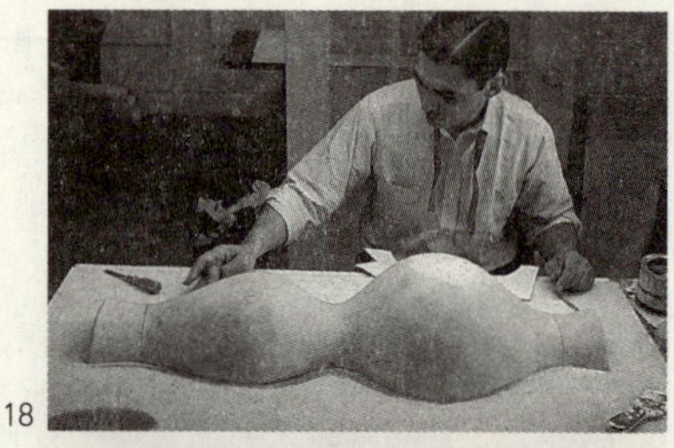

18

19

20

17–20__1960 年美国原子能委员会在美洲巡回展的听众席综合了充气式与气承式两种膜结构形式

构开始为大众所接受。1957 年《生活》杂志的封面刊印了他主持设计的游泳池罩顶，这预示着充气式膜结构建筑大众化应用时代的到来。产品需求量的增加促使大批制造商在美国和欧洲相继出现。

对于建筑领域出现的新形式，建筑师作出了积极回应。1959 年，建筑师卡尔 · 科克（Carl Koch）及玛格丽特 · 罗斯（Margaret Ross）与工程师保罗（Paul Weidlinger）及伯德共同设计了波士顿艺术中心大剧院。设计小组最初试图利用充气式结构作为混凝土穹顶浇筑用的模板，然而由于项目资金匮乏，他们继而转向研究临时结构的可行性。出于对剧场跨度的考虑，研究小组决定利用覆有乙烯涂层的尼龙布制成的气枕作为直径 44m 的顶棚。当气枕充满气体后，顶棚中心厚度达 6m。整个顶棚吊挂在环绕剧场一周的钢柱支撑的钢压缩环上。[23]

1960 年，为美国原子能委员会在南美洲的巡回展而设计的会堂被誉为“和平利用原子能的伟大气球”，[24] 在这次建筑峰会上该项目受到一致赞扬。该项目的参与者包括建筑师维克多 · 伦迪（Victor Lundy）及其合作伙伴伯德，Severud-Elstad-Krueger 协会的结构工程师，以及 Cosentini 公司的机械工程师。雷诺 · 班汉姆（Reyner Banham）将上述项目冠以“里程碑式的人工气囊”，[25] 这个极具创意性的球形会堂，其直径是可变的，弯曲部分则由双层皮构成。整个表皮划分成多个独立的密封气枕，加压后厚度可达 1.2m。之所以这样处理，是出于安全方面的考虑，表皮一旦出现破损，影响的也仅仅是缺口所在的气枕，整个听众席不会因此而塌陷。整个建筑综合了充气式与气承式两种膜结构形式，通过刚性金属架支撑的座舱舱罩设置在建筑两端，舱罩上设置气锁门。尽管该建筑有 91m 长、38m 宽、19m 高，但是结构自重轻且易于携带。标准的集装箱及铁路运输完全可以满足托运要求；无

21

22

23

21—22__ 为美国原子能委员会在南美洲的巡回展设计的听众席
23__ 维克多 · 伦迪（Victor Lundy）的黄铜轨道餐厅（Brass Rail Restaurant），纽约世界博览会

需脚手架辅助，12 个装卸工 3 ~ 4 天便可将建筑搭建起来，并且在 30 分钟内完成充气。[26] 1963 ~ 1964 年间，伦迪继而将上述膜结构应用到纽约世界博览会饭店的设计中。

流行文化与太空竞赛

20 世纪 60 年代，是充气式膜结构思想及应用大放异彩的 10 年。同沃尔特 · 伯德一样，雷诺 · 班汉姆曾是航空工程师，期间一度作为先锋建筑史学家与评论家。出于对充气式膜结构技术的热爱，他最终成为一名建筑工程师，当他将该技术与其喜爱的美国流行文化结合之后，促使他在 50 年代同独立组（Independent Group）走到了一起。“对于建筑、技术乃至社会已有秩序的激进性评论”[27] 为班汉姆所推崇，尤其是针对那些诉求短期利益的理念，这其中就包括富勒、奥托、伦敦的建筑电信派（Archigram）和赛卓克 · 普莱斯（Cedric Price）、鲁克尔公司（Haus Rucker Co.）、维也纳的蓝天组成员，乌托邦以及巴黎的境遇主义者。班汉姆十分清楚气承式结构已并非新鲜事物，而是从一系列发明专利演化而来，诸如 1888 年杜邦的高压轮胎和 1917 年蓝切斯特的低气压建筑等。在他看来，高雅文化与流行文化间并不存在明显的界限。他强调指出，“极具弹性的密封高压气囊早就为我们所熟知，它就如同一只圣诞气球，或是一只海边的斑点海马，或者是医院中用于避免床发出响声的空气环，抑或是 20 世纪的四轮汽车轮胎。这项技术已经作为大众化的共有财产回馈到社会之中。但低压气承式结构仍然让人感到陌生，即便是在发达国家。”[28]

作为一名低压充气实验的倡导者，班汉姆身体力行，一直致力于该技术在伊甸园项目中的应用。1965 年，他以“家不等于房子”为题在《美国艺术》杂志上发表论文。这句话因弗朗索瓦

24

25

24__Francois Dallegret 绘制的"环境气泡"，设想人类在气泡中居住的景象
25__1960 年美国国家航空航天局研制的"回声一号"通讯卫星，在无重力条件下形成直径 30m 的球体

(Francois Dallegret) 置身于充气泡泡时写在赤裸的身上而令人印象深刻。在这篇论文的论述中，房子的概念被简化，膜结构以庇护所的姿态出现在世人面前，同时它也成为"支撑伊甸园项目得以实施的有力支点。"[29] 1968 年，这一构想被彼得·默里和托尼·威廉付诸实施，他们利用充气膜制成的日用型居所被报刊媒体相继报道。

初次涉足视觉媒体对于班汉姆来说非比寻常。作为评论家，他一直在推崇英国建筑电信派，该学派名字本身是由"建筑"和"电信"两个单词组成——其本意是效仿富勒创造文字的表达方式，以阐述他们对于减少建筑自重的理解，这与轻质建筑的言论不谋而合。同班汉姆一样，学派在发展富勒与奥托理论的同时，也在关注理论与流行文化的结合。除了漫画书和电影明星，独立组的展览对于学派影响也很深远，这其中就包括 1955 年主题为"人、机器和行动"的伦敦当代艺术展。展会展出了大量有关人类征服陆地、海洋、天空和外太空的照片及图片。[30]

美国的太空计划大大激发了建筑电信派的想像。他们开始沉迷于设计研发能够同时在外太空和极端气候环境下为人类提供生存空间的装置。除了将人类送上月球，美国国家航空航天局也在加紧研发用于气象、通讯和防御需求的人造卫星。这些"气球卫星"试图将气球的充气特性与延长卫星的使用需求结合起来。1960 年，直径 30m 的通讯卫星"回声一号"作为当时最大体积的人造卫星被送入太空，该卫星由仅为 0.127mm 厚的聚酯薄膜组成，表面涂有增强反射率的铝漆。发射时，卫星被折叠成直径 1m 的球体。与此同时，美国国家航空航天局又在开始测试"回声二号"。该卫星直径 41m，聚酯薄膜上粘贴着双层铝箔，强度是"回声一号"的 50 倍。此外，美国国家航空航天局还在研制直径 61m 的"复兴号"，采用相同表皮结构的"复兴号"采用研磨的铝粉代替铝箔，以此证明结

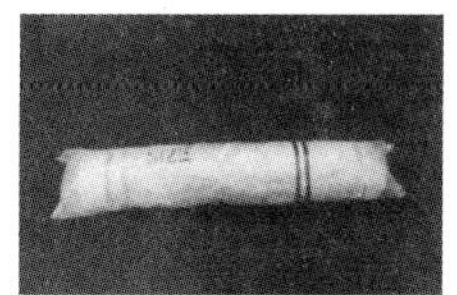
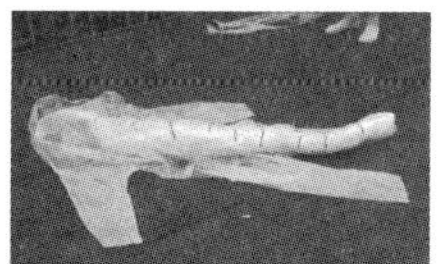

26

27

28

26__1968 年，英国建筑电信派设计的"可穿着房屋"在膜材用料最少化的基础上，提供了尽可能舒适的生活环境
27–28__1967 年，鲁克尔公司设计出直径 7m 的充气式居住单元"Oasis7 号"

构强度相同的情况下，其质量只有“回声二号”的 70%。美国国家航空航天局无疑再一次诠释了富勒的“轻质高效”理论。1961 年，美国国会发表了对于充气式结构的看法，“……我们意识到，送入太空的每一磅质量都凝结了人类发展文明的结晶……任何针对轻质结构相关方面的探讨都将引领我们向好的方向发展……”[31] 60 年代的欧洲与美国同步，同样在进行有关充气式结构的实践，伯德等人针对全球化的通讯需求建立了一批大型的气承式雷达天线罩。其中最大的是位于安多夫的 Maine 天线罩，其直径达 64m，表皮主要由涤纶织物膜材构成。[32]

受太空项目的启发，英国建筑电信派发表了一系列用以宣传美国国家航空航天局和军工企业技术结合的概念设计。在个人应用领域，他们试图设计一种管状的外皮，并命名为“气肋式房屋”或是“可穿着气球”，以此区别于美国国家航空航天局的“气球式卫星”——这种“可穿着房屋”既是服装也是一种移动性住房。在城市范围内，由充气结构支撑的透明膜材构成了“充气式城镇”，该结构既可作为沙漠或极端环境气候下工作生活的一种极佳选择，也可作为海边度假或节假日休闲时的临时场所。[33] 承载了生活需求的“环境泡泡”，通过吊装的方式在不同城市间游走。上述所有出自英国建筑电信派的设计对于此后膜结构的发展具有很重要的启发性意义。“内有骨架、外覆膜材”是大众文化对于英国建筑电信派设计的通俗化解读。

文化批判

20 世纪 60 年代，鲁克尔公司还致力于充气式居住单元的研发，在他们看来，这种与传统建筑形成鲜明对比的建筑形式具有形成规模化城市的潜能。巴黎美术学院的乌托邦小组甚至提议借助气承式结构重新定义建筑的概念，摒弃传

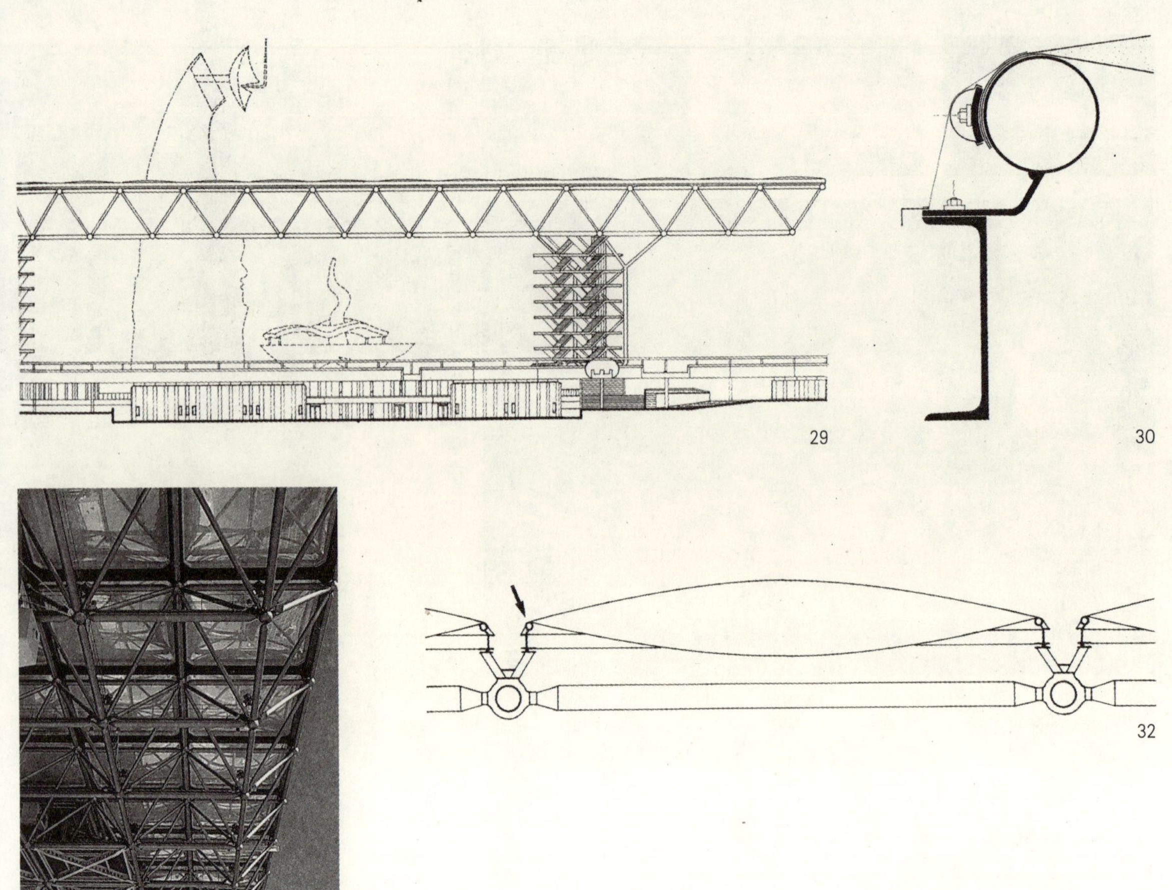

29–32＿丹下健三为 1970 年大阪世博会节日广场设计的顶棚，在可变气压的控制下，充气气枕可实现移动

统概念中包含的精英主义、纪念意义和永久使用性。作为该小组的核心成员之一，安托万·斯汀科（Antoine Stinco）曾指出，“充气式结构代表一种新兴力量的诞生。尽管它看似柔弱，但其质轻、机动、时效的特点将对无聊的都市生活进行有力的嘲讽。”[34] 1968 年 3 月，乌托邦小组在现代艺术博物馆举办了名为“Structures Gonflables”的展览，展品包括交通工具、机械设备、家具以及建筑工程等，所有展品无一不展现出挣脱重力束缚的主题。与此同时在大洋彼岸的辛辛那提，一场名为“空中艺术”的展览也在进行，其中不乏安迪·沃霍尔(Andy Warhol)、莱斯·莱文(Les Levine）和汉斯·哈克（Hans Haacke）等人的作品。1968 年 6 月，英国《建筑设计》杂志刊登了《气体的世界》（Pneu World）一文，概述了充气结构、轻质行装和新型消费产品的发展。在巴黎，人们对于轻质结构的热情更加强烈，因为他们已经为之奋斗了近两个世纪。正如马雷·德索斯（Mare Dessauce）指出：“气动力学好像引发了一场革命，人类对于理想的诉求如同孩子对于气球的热衷，它将引领我们步入无限光明的未来。”[35] 领导 1968 年 5 月学生起义的境遇主义者在面对革命事业之时，发表了与奥托极为相似的言论，“朝生暮死的流行文化留下了它特有的时代印记。”[36]

大范围普及

1970 年日本大阪世博会可谓是气承式结构的一次集体亮相，也是膜结构“有组织的、正式的首次公开展示。”[37] 同 2500 年前亚述勇士使用的充气山羊皮原理一样，建筑师 Yukata Murata 和结构师 Manoru Kawaguchi 通过自动调节的浮力袋支撑观众席的方式，共同完成了浮动影院的设计。[38] 丹下健三为节日广场设计的顶棚，借鉴奥托复合式结构的概念，利用钢结构网架支撑气枕。边长 10.8m 的正方形广场，其上空的透明气

33

34

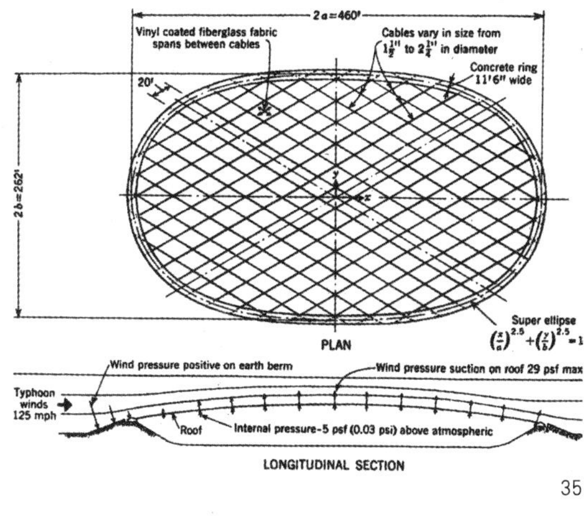

35

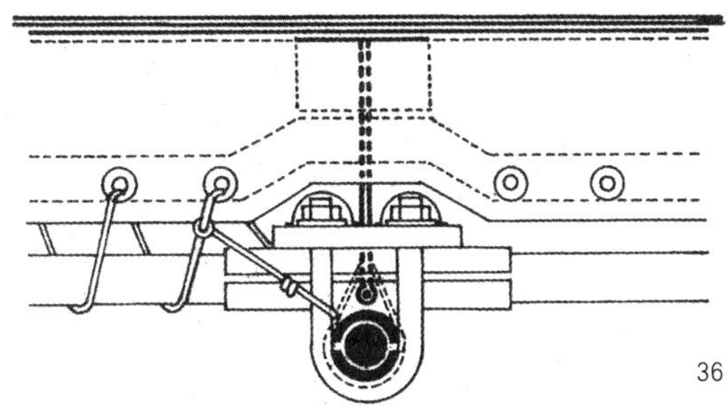

36

33–34__1970 年大阪世博会，造型美观、典雅的美国馆通过索网张拉气承式结构

35__ 平面和纵轴剖面

36__ 膜面与索网结合处的细部构造

枕均由多层聚酯薄膜构成，每一层膜面分别承担着应对恶劣天气、反射热量以及承载重量的不同作用。[39] 通过改变气枕内气压，结构得以适应不同的气候条件，该项技术为气枕式膜结构向自行调节系统发展作出了积极贡献。

另一个对膜结构领域产生重大影响的建筑是世博园内的美国馆，该项目由建筑师戴维斯（Davis）、布罗迪（Brody）、切尔马耶夫（Chermayeff）、盖马斯（Geismar）、哈克（De Harak）、结构师大卫·盖格（David Geiger）、伯德等人设计，参与项目的还有日本的 Ohbayashi-Gums 和太阳工业公司（Taiyo Kogyo）。该项目也参考了兰切斯特和史蒂文 30 年前未能建成的项目的创意。该气承式结构纵向跨度 142m、横向跨度 83.5m，索网支撑的半透明玻璃纤维织物最初是为宇航服开发的材料。

为了避免顶棚积水情况下，结构中心下陷挠度过大，索网排布没有采用传统的中心放射式。取而代之的是钻石形网格，与长方形网格相比，该结构自重减少了 33%。为了防止顶棚上浮，顶棚的四周被固定在钢筋混凝土的压缩环梁上。压缩环梁不直接固定在地面上，而是由混凝土基础和镀锌钢板两部分组成，以便在风荷载的作用下抑制顶棚的晃动，同时稳定的主体结构又可保证在台风或地震的情况下，穹顶仍安全稳定。[40]

评论家彼得·布莱克（Peter Blake）曾这样描述进入低压充气结构前的气锁门，“它就像巨大的拇指囊肿——对于鞋商 Dr. Scholl 公司来说或许是个好事。”[41] 该结构顶棚的重量为 4.9kg/m^2，是富勒在蒙特利尔建造的直径 77m 的球形穹顶的 1%，成本也缩减了一半。[42] 两个项目尽管相差只有 3 年时间，但项目间的差异充分反映出膜结构的发展潜力。工程师大卫·盖格曾说过：“这种类型的结构顶棚似乎永远没有跨度限制……”[43]

37 38

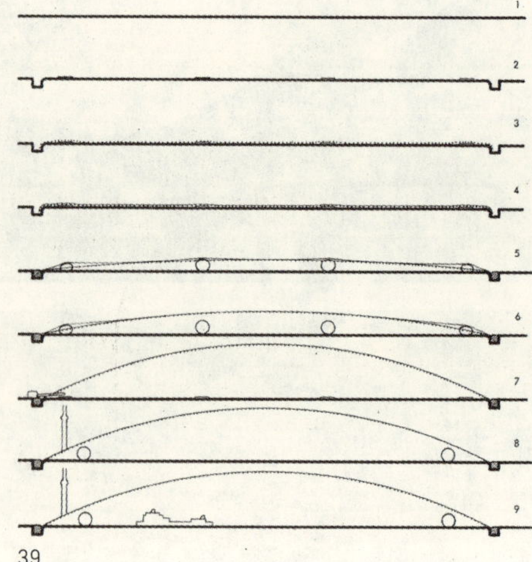

39

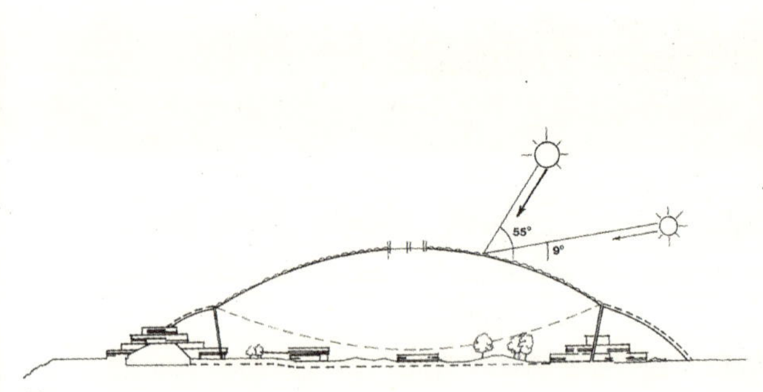

40

41

42

37–38__1971 年发表的“极地城市”构想将人工居住环境上空的气承式结构跨度拓展到 2000m
39__ 利用气球协助膜顶离开地面的设计构想
40–42__ 作为气承式结构的代表，“北纬 58°”于 1980 年设计完成，膜顶由双层 ETFE 气枕覆盖

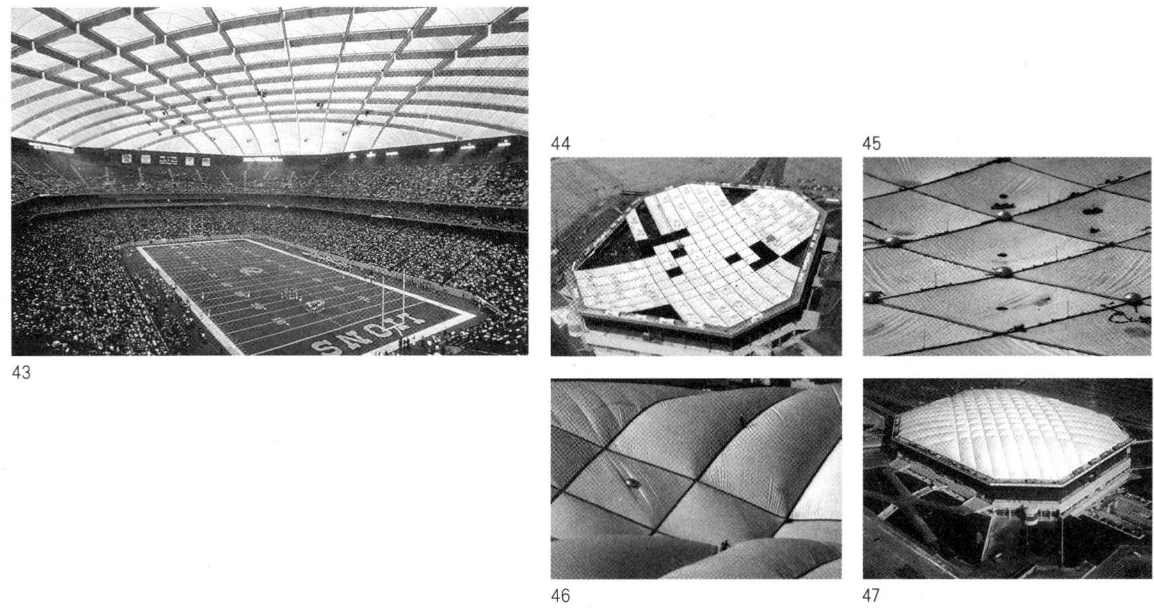

43　44　45　46　47

43—47＿1975 年建成的银顶体育馆原本采用的是特氟龙外皮的气承式结构，但自从 1985 年雪荷载造成场馆坍塌后，原结构已被钢结构支撑的膜顶取代

极大和极小

1970 年大阪世博会之后，伯德建议采用联合跨度 300m 的索穹顶，实现城市范围的连续覆盖。此后，戴维斯·布劳迪（Davis Brody）也提出利用跨度 2500m 的穹顶在北极地区建立世界环境实验室的构想。[44] 1971 年，奥托联合丹下健三、特德·哈珀德以及德国赫斯特公司共同发表了一项提案，内容涉及北极区 45000 名采矿业工人。由双层聚酯膜组成的气枕在索网支撑下可达 2000m 跨度，为工人在恶劣环境中提供了可靠的居所。[45] 1980 年，建筑师奥德尼·富勒顿（Arni Fullerton）、奥托和特德·哈珀德受加拿大政府委托，为亚伯达地区从事石油开采的 10000 名工人设计生活区，即"北纬 58°"项目。奥托试图采用桅杆加索网支撑织物构成顶棚，而特德·哈珀德则希望采用气承式结构实现该项目。他们的共同点在于膜顶的跨度明确，300m × 550m 的膜顶由 ETFE 气枕构成，采用索网支撑。[46] 尽管这一项目未得以实施，但 ETFE 膜材已开始在巨型结构领域崭露头角。

这些项目虽未实施，但对建筑创作无疑具有启发作用。日本大阪世博会上以美国馆为首的实际项目激发了更多人投入到气承式膜结构的建筑创作中。这其中包括 1975 年位于底特律的银顶体育馆（Pontiac Silverdome）和 1982 年位于明尼阿波利斯的翰弗瑞度天顶体育馆（Hubert H.Humphrey Metrodome），两个穹顶均由特氟隆涂层的玻璃纤维织物构成。尽管依靠气锁门维持了结构内部气压的稳定，但是在大的雪荷载作用下，由于膜面作用力分布不均最终导致结构失效。

在小型建筑应用领域，1970 年福斯特事务所设计的微机办公室改变了人们对于充气结构的看法，"气动力学的应用范围远远超出了单纯的工业区或体育场馆，也不局限于各式各样展馆的设

48

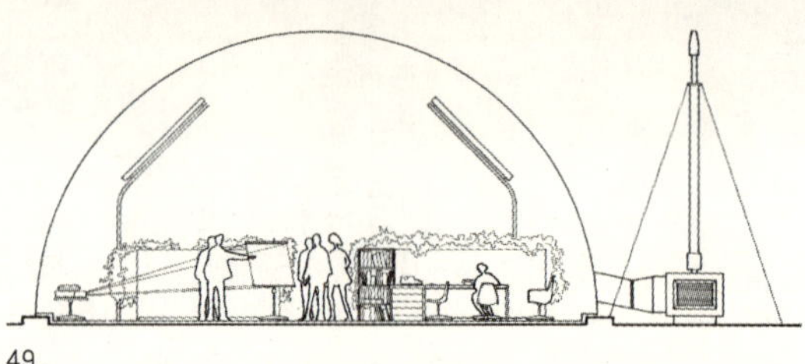

49

48–49__1970 年福斯特事务所设计的微机办公室尽管只是个临时建筑，但它却打开了气承式结构步入建筑领域的大门

计。"[47] 尽管该项目只是个临时建筑，但它却延伸了人们对于气承式结构的想像。在不断创新寻求更加轻质的结构同时，福斯特也在关注航天工业，他指出："……在范堡罗航展中，参展商提供的大量展品为我们提供了丰富的灵感，而这一切是建筑年鉴所不能提供的。"[48]1968 年，福斯特开始与巴克敏斯特 · 富勒合作一系列项目。受到 1960 年人工气候环境项目 (Climatron) 的启发，富勒将其于 1971 年设计的项目命名为人工气候环境办公项目 (Climatroffice)，该项目将一栋多层混合型使用建筑笼罩在大跨密闭的透明罩内。回顾 19 世纪早期劳登 (Loudon) 有关人类必将统治自然的断言，班汉姆概括了福斯特等人设计的早期建筑，"高科技使人类的意识开始凌驾于环境之上"，而后他又补充道，"透明罩已经登上了历史舞台。"[49] 几十年后，这些想法都已付诸实践。

20 世纪 80 年代，气枕开始逐步取代早期的气承式结构，伴随着材料科学的发展，临时性"环境泡泡"开始向永久性结构转变。在环境问题日益突出的今天，承载能力强、尺度规模巨大、质量轻便的"环境泡泡"仍有着不可估量的发展前景。

1__Roger N. Dent.《充气式建筑原则》(纽约：Halstead 出版社，John Wiley&Sons 有限公司) 1972, p.27。
2__Marc Dessauce，编辑.《充气时刻》(纽约：普林斯顿出版社和纽约建筑协会) 1999, p.128。
3__Joachim Krausse 和 Claude Lichtenstein，编辑.《Your Private Sky》(巴登：Lars Müller 出版商) 1999, p.33。富勒的专用语后被迪斯尼用来命名未来之城中的一种骑行设施，该主题公园于 1982 年开业。未来之城是沃特 · 迪斯尼于 19 世纪 60 年代提出的一种乌托邦式实验，但未实现。由于未实现主题公园的建设，因此采用巴克敏斯特 · 富勒富有灵感的地圈作为标志图案。
4__同上，p.135，引自 1929 年 6 月份发行的期刊《建筑》，p.339。
5__同上，p.442。
6__同上，p.354。
7__Frei Otto.《张拉结构》(剑桥：麻省理工学院出版社) 1982 年第 5 次印刷，p.115。
8__Dent，上述索引，p.38。
9__Krausse 和 Lichtenstein，上述索引，p.412。
10__Id.at p.453。

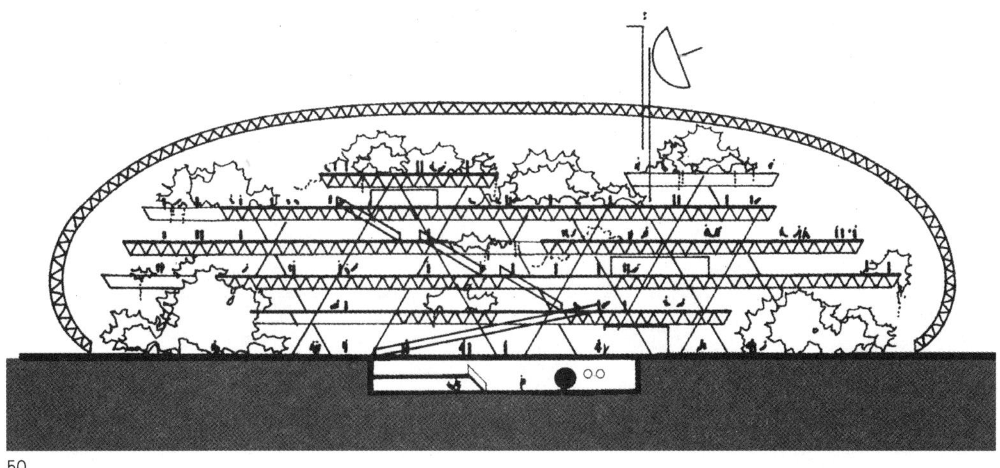

50

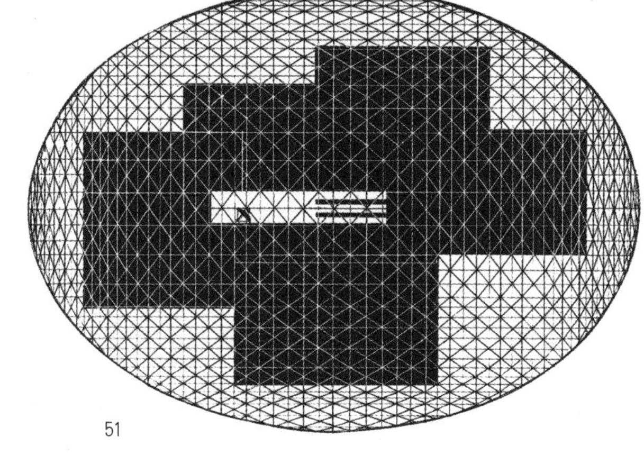

51

50–51__ 富勒与福斯特共同设计的人工气候条件下的办公环境，该项目试图将大型综合性建筑与园林景观有机统一在密闭的膜结构中

11_R.Buckminster Fuller.《月亮九链》（花园城市：铁锚书业）1971，p.259。
12_Winfried Nerdinger.《弗赖 · 奥托作品集》（巴塞尔，波士顿，柏林：柏克毫泽出版社）2005，p.144。
13_ 同上，p.189。
14_ 同上，p.11。
15_ 同上。
16_ 同上。
17_ 同上，p.240。
18_Otto，上述索引，p.106。
19_ 同上，p.148。
20_ "气体的世界，"《建筑设计》（1968 年 6 月）p.267。
21_Otto，上述索引，p.110。
22_Dent，上述索引，p.35。
23_ 同上，p.40。
24_David Allison "A great balloon fot peaceful atoms"《建筑论坛》（1960 年 11 月）p.142。
25_Dessauce，上述索引，p.31。
26_David Allison，上述索引，p.145。
27_Reyner Banham.《大师的时代》（纽约，埃文斯顿，旧金山，伦敦：Harper + Row 出版集团）1975，p.133。
28_Dessauce，上述索引，p.32。"Monumental Wind-bags" 曾发表于 1968 年 4 月的《新社会》。
29_Joan Ockman，编辑.《1943–1968 建筑文化》（纽约：出版社 / 哥伦比亚建筑出版社）1993，p.377。
30_Simon Sadler.《英国电信派：不再是建筑的建筑》（伦敦剑桥：MIT 书局）2005，p.38。
31_《空间中的充气结构，航空领域的先知，美国众议院》（华盛顿：美国政府印刷局）1961，p.5。
32_Dent，上述索引，p.196。
33_Peter Cook，编辑.《英国电信派》（纽约：普林斯顿印刷局）1999，p.61。
34_Dessauce，上述索引，p.71。
35_ 同上，p.13。
36_ 同上，p.18。
37_ 同上，p.145。
38_Dent，上述索引，p.218。
39_Thomas Herzog.《充气式结构 — 一本关于充气式建筑的手册》（纽约：牛津大学出版社）1976，p.48。
40_David Geiger. "1970 年大阪世博会美国馆采用的气承式悬索屋顶"《土木工程——ACSE（1970 年 3 月）》p.48–50。
41_Dessauce，上述索引，p.145。
42_Dent，上述索引，p.211。Geiger，上述索引，pp.48 和 50。
43_Geiger，上述索引，p.50。
44_Hix，上述索引，p.193。
45_Nerdinger，上述索引，p.280。
46_Ian Liddell. "被笼罩的北部小镇，亚伯达"，《Patterns 1》（1987 年 10 月）pp.16–17。
47_Dent，上述索引，p.192。
48_《福斯特事务所》（伦敦：英国皇家建筑师协会出版公司）1979，p.10。
49_ 同上，p.8。

材料
ETFE

ETFE（乙烯四氟乙烯）是一种人工合成的氟聚合物。其主要成分是硫酸氢盐与三氯甲烷化合而成的普通矿物质——萤石。萤石在受热情况下分解，其中氯二氟甲烷转化成无色无味的气体，即聚四氟乙烯（特氟龙），聚四氟乙烯再与乙烯作用形成 ETFE 聚合物。最终，ETFE 聚合物被加工成粉末状或被压缩成颗粒状。

建筑早期实践与发展

自 20 世纪 40 年代起，ETFE 即为大众所熟知，美国在材料领域的专利权被杜邦公司独占。[1] 虽然它与特氟隆（聚四氟乙烯）关系密切，但 ETFE 是偶然产生的工业副产品，杜邦公司原本是要研发一种新型抗磨损的工业材料，此外在航空领域，还要求它是一种极端环境下抗辐射的绝热材料，但直到 1970 年，当美国的杜邦公司与德国的赫斯特公司（Hoechst）联手推出 ETFE 绝缘电缆后，才真正发现了 ETFE 在石油、汽车、航天及核工业领域广泛存在的商业价值。此外，作为一种已知的最稳定的化合物，ETFE 也被大量应用于化工领域，如制作成耐酸、耐碱性液体冲刷的过滤器及垫板。通过热浸喷涂或烘烤，ETFE 树脂可通过模具塑造成任何形状。[2]

1973 ~ 1974 年间，受第一次石油危机的影响，建筑领域开始关注 ETFE 这种新型材料，当时的欧洲，人们普遍关注如何有效利用太阳能以减少对化石燃料的依赖。挤压成型的 ETFE 薄膜在赫斯特公司得到发展，研究人员不仅着眼于高新技术的研发，而且注重其与市场的实际需求相结合，例如利用 ETFE 膜材取代温室玻璃吸收太阳能。种植于改良后温室中的植物，其长势与营养价值同户外种植的作物几乎没有差别，而且新型材料自重较玻璃也大为减轻。赫斯特公司认识到 ETFE 膜材的潜在价值，先

1

2

1__ 萤石，制造 ETFE 的主要材料

红树林温室，伯格斯动物园，阿纳姆
ABT adviesbureau voor Bouwtechniek，1982
2__ 取代 FEP 采用 ETFE 后，围护结构被撕破的风险大大降低

后在德国本土与美国亚利桑那州开展了膜材的耐久性实验。1984 年，历经 10 年的户外测试，ETFE 膜材的光学性能与机械性能几乎没有改变。实验的成功为 ETFE 膜材在建筑领域的应用铺平了道路。

位于不来梅的福伊特克公司（Vector Foiltec）可谓是建筑领域采用 ETFE 膜材的先驱者。他们在荷兰阿纳姆的伯格斯动物园的植物暖房中采用了这种材料。当时还是一家以生产游艇船帆为主的福伊特克公司，曾经在 1982 年对阿纳姆红树林温室采用的 FEP（氟化乙丙烯）膜材进行修复工作。该项目在竣工后不久，由于膜材在索网拉伸下变薄，局部撕裂后的破损在膜面迅速蔓延，最终导致了整座温室坍塌。修复采用了 45 个强度高、自重轻且抗撕裂性能良好的小型低压 ETFE 气枕取代了原有 45m 长的 FEP 气枕，主体支撑结构依旧由原有的钢柱及索网构成。高透光性的 ETFE 膜材使温室内的红树林得以在充足的日光下茁壮成长。该工程的成功最终促使伯格斯动物园将另外两项采用 ETFE 膜材的建筑项目委托给福伊特克公司。1988 年，建成的热带馆首次将无需农药、自我循环的生态理念引入其中，沙漠馆也于 1993 年建成。上述建筑令整座阿纳姆动物园焕然一新，游客人数随即翻了两倍。

福伊特克公司作为在国际赛艇用帆制造领域的专家，自从阿纳姆项目获得成功之后，开始投入研发 ETFE 气枕式膜结构在工程领域的应用，并相继开发和生产出用于切割和焊接 ETFE 膜材的机械。除了植物温室，公园内休闲泳池所处的高湿度含氯环境也为抗腐蚀性优良的 ETFE 建材提供了巨大的应用市场。在欧洲，虽然人们拥有大量的假期，但由于经济原因，阳光海岸并非是他们外出的首选，而中心公园内由 ETFE 膜笼罩的泳池却可以将人们梦寐以求的地中海气候带进北欧。

3

4

3–4__ 红树林温室室内及顶棚
沙漠馆，伯格斯动物园，阿纳姆
ABT Adviesbureau voor Bouwtechniek，1993
5–6__ 沙漠馆、红树林温室与热带馆一同改变了动物园的参观体验

5

6

7

8

9

热带馆，伯格斯动物园，阿纳姆
ABT Adviesbureau voor Bouwtechniek，1988
7–9__钢桁架斜拉支撑、ETFE 气枕覆盖下的热带生态系统在无需农药的情况下自我循环

ETFE 具有极佳的抗紫外线及大气污染的能力，这源于材料表面分子在恶劣条件下的重新排列。在人工风化测试条件下，1 万小时后样品的力学性能依旧维持在 90% 以上。[3] 暴露在德国和美国佛罗里达自然测试点长达 30 多年的 ETFE 样品，并未因长期处于高盐、高湿度和强紫外线的环境中而变脆、变色或变质。更重要的是，其优良的耐久性能是 ETFE 固有的属性，而非是源于外表喷涂了任何防腐材料。作为一种新型材料，ETFE 的使用寿命还是未知数，但至少迄今为止没有其性能退化的证据。这也就从另一方面证明 ETFE 是一种性能稳定、寿命持久的材料。

膜材的制作及印刷

最初，ETFE 膜材主要通过吹塑或挤压成型。无论是吹塑或是挤压都需要将 ETFE 树脂加热到 380℃以上达到熔融状态。吹塑膜采用的是一种圆柱状环形模具，采用这种模具制作的膜材打开摊平宽达 5m。尽管吹塑膜生产成本低于挤压膜，但其光学性能及耐久性不及挤压膜。目前，吹塑 ETFE 膜主要应用于温室建设中。相对而言，挤压成型的 ETFE 膜材无论在生产成本上还是产品质量上都略胜一筹。熔融状态下的树脂浆通过热压轮挤压，最终定型成标准规格的 1530mm 宽膜材。作为 ETFE 膜材市场的领头羊，日本朝日集团（Asahi）最近开发出一种新的生产线，使膜材生产标准规格宽度达到了 2200mm，从而为日本温室大棚的建设注入了新的活力。挤压膜经过滚筒卷绕，再在外面覆一层厚纸板，才得以储存和运输。目前，日本、美国、意大利、德国、英国和荷兰等国均有工厂从事 ETFE 膜材的生产，可以为建造商提供各种颜色、透明度、光泽度的膜材，膜材厚度从 50 ~ 250μm（1μm=1/1000mm）

10

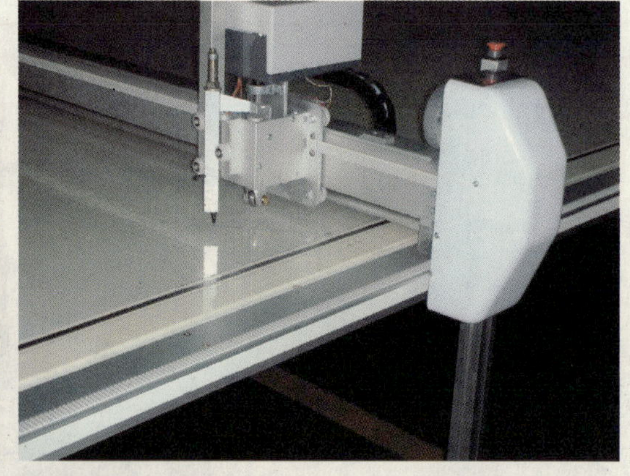

11

12

10__ETFE 气枕在制作过程中需要精细的手工工艺
11__ 所有 ETFE 膜材都由 CNC 刀口切割完成
12__ 由福伊特克公司研制的焊接机床在温度、压力和持续时间三方面对焊接工艺进行精确设定

不等。对于某一特定项目，建造商可从生产商处选择购买一系列产品。鉴于材料规格统一，因此只需针对膜材厚度及化学成分含量进行抽检。

通过压花或印刷，ETFE 膜材可在表面形成图案。印刷图案时，为了使膜材更好的着色，膜材表面光滑的分子结构要经过化学、放电或高强辐射等多种方法处理，使分子键打开，膜面才可印上不透明或半透明的含氟聚合物油墨，膜材沿两侧长边留大约 50mm 的空白用于膜材焊接。最常用的着色剂是银色，用于反射太阳光和热。

制作工艺

同船帆制作工艺一样，ETFE 气枕的制作同样离不开高科技手段与传统手工艺技术。气枕通常采用一列非线性分析软件包进行大小和形状的设计。典型的气枕有可能由 2 ~ 5 层厚度不同的膜面组成，膜材经裁切成块，将几块焊接在一起，从而形成大面积的气枕。每块膜材的形状和长度依据专门软件将三维模型展成平面，平展的膜面通过拼接时增加对角线上凸的长度最终形成气枕的弧线高度。数控刀片在电脑的控制下裁剪弯曲或不规则的膜材可以像切割直线一样容易。每次只能裁切一层。激光机虽然精确，但如此薄的 ETFE 膜材通常无需激光切割，而且当激光的温度超过 800℃后，ETFE 膜材融化会释放出有毒气体。

由多层膜构成的气枕，其外层膜面曲率往往高于内层膜面，目的在于有效抵抗风荷载。尽管内外层膜面存在差异，但其焊接边缘尺寸必须是相同的。张拉膜结构设计要考虑膜材裁切与受力状态在经纬方向上的差异，同样，ETFE 气枕分析也要考虑材料各向特点、抗风能力等，因为需要经受几年的温度变化以及风、雨、雪荷后，影响膜结构抗风能力的最终形态才可

15

13＿ 在工厂安装的充气阀通过一根弹性供气管与供气系统相连

14＿ 由 V 形支架支撑的钢丝既可以为鸟类提供立足点，同时也可以防止膜面和气枕边框受到鸟类破坏

15＿ 全尺寸的模型测试

能确定。张拉膜结构受力时膜材基本是刚性的，而气枕则不同，其最终的曲线形式则取决于剪裁和屈服形态两者的结合。

膜材从切割机上取下后，移至焊接台上。通常情况下，需要设置两条生产线，一条用于直角焊接，另一条用于其他形状焊接。焊缝大约5mm宽，膜布一般有10～15mm搭接。原则上1mm宽的焊缝就能满足焊接强度及密封性的要求，所以焊缝安全性可以充分保证。焊接中另一关键因素是要控制好两层ETFE膜材间胶粘剂的熔融热量、压力及持续时间，以避免加热过度。整个过程无需多余材料和化学药剂。焊接可采用焊接轮和焊接棒，焊接轮以12m/5min的速度完成直线或曲线的焊接；焊接棒只能焊接直线，焊一段只需几秒钟。单片焊接成型后，多余的材料要通过手工方式剪裁掉。气枕的多层膜也要以手工方式组装，以便随时依据安装的尺寸修剪焊接后形成气枕的边（keder）。最后，将预制的空气阀安装在膜材表面并进行密封处理。为了避免起皱，制作完成的充气袋需经仔细折叠，最终放置在保护套管中以备运输。

ETFE材料价格通常是以吨为单位计算。工厂供货情况下，挤出型并印染的ETFE膜材的价格基本等同于相同规格尺寸的张拉膜材，比“廉价”的温室玻璃贵近50%。然而，ETFE气枕的边缘构造费用与玻璃相当或更低。这是因为ETFE气枕的尺寸远大于玻璃幕墙的规格，规格化生产的玻璃板通常以1×4（单位：m）为模板，其周边构造长度约10m，材料面积与边缘长度之比为1：2.5。而规格化的ETFE气枕模板尺寸通常为3×6（单位：m），材料面积与边缘长度比值为1：1，更大面积的气枕其比例甚至更小。

安装

为了使气枕边缘与结构主体契合，装配工

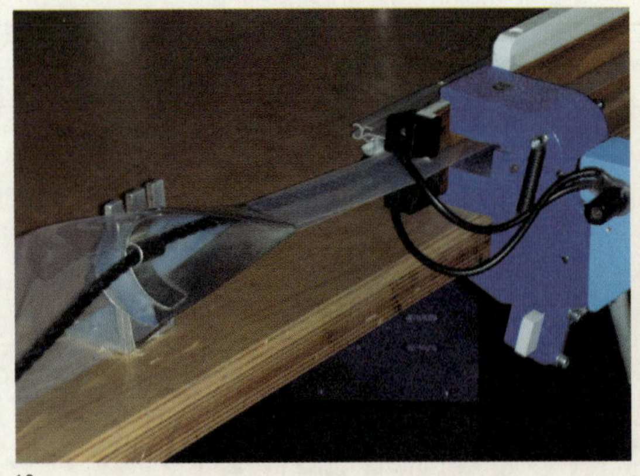

16

16__ 通常膜面边缘需焊接一根绳索用以固定

17–19

需要动用多种专用铝合金型材。该型材将伸缩缝、绝缘材料及暗藏管线并置在一起，以此形成围护结构上的次级排水系统。所有安装工作都由受过专门训练的施工人员完成。当气枕的边缘与结构主体固定完成后，充气设备及送气管线才会被安装并清洗，以此确保安装碎片不会被充入气枕内。送气管线一般由环形或放射状的主管与通向各独立气枕的小截面支管组成。气枕通过绳子提拉到位，确保展开后气枕边缘与结构主体对齐。预装的气压阀由中控系统指挥，调节充气量，使气枕内部气压时刻保持稳定。由于充气气枕外表面非常光滑，借此可以防止大多数鸟类在上面立足。此外，为了保护气枕周边配套设施，气枕边框上还需设置钢丝，通过 V 形支架支撑。

充气设备主要是由两个电机驱动的鼓风机构成。如果空气供应终止，建筑物自身并不受影响，至多是导致外围护结构的绝热系数降低。在没有外部空气供应的情况下，气枕上的止回阀可保证 4 ~ 8 小时内其内部压力不变。若停电时间超过这个时限，预先安置的备用发电机将被启用，以防止松弛的膜面遭到风荷载的破坏。因此 ETFE 气枕被认为是无懈可击的。当气枕一次性充满气体后，系统仍会持续充入少量气体，以平衡节点与接缝外渗的气体。作为一套有效的密闭系统，气枕内只存在气压而不存在气流。虽然 ETFE 膜材并不透气，但仍无法避免湿气的渗入，因此除湿装置必不可少。特别是在湿度较高的建筑内部，尤其要注意潮气和水分进入系统。

可持续性

与早期的气承式结构不同，气枕式膜结构并不需要后期大量的能源投入以维持结构稳定，鼓风机是用来保持气枕内部压力稳定，而非制

20

21

22

23

17–21__ 在施工现场，为了保证气枕的完整，封闭好的膜面需即刻充气安装到支撑结构中，以免褶皱和风荷载造成破坏

22__ 从下部看 ETFE 顶棚

23__ 充气后的气枕随着支撑结构的变化形成不同斜率的曲面

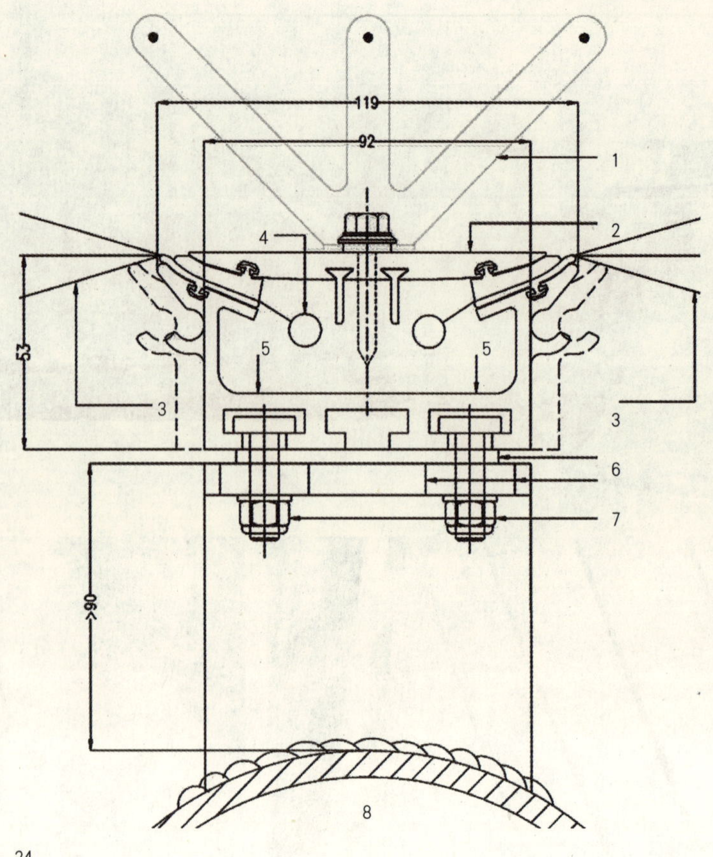

24

24__ 典型的双侧气枕接口

1 支撑鸟类立足钢丝的支架
2 带橡胶密封垫的合金板
3 三层膜 ETFE 气枕
4 防脱绳
5 次级排水沟
6 橡胶垫
7 丁字梁镀锌固定螺栓
8 支撑结构

造气流。一个独立的充气单位平均利用 50% 的工作时间即可服务 1000m^2 的充气气枕，而其所耗电量仅与普通灯泡所耗电量持平。不同于普通纤维织物，ETFE 膜材在整个使用周期内均无需特别维护，由于表面光滑，通过雨水的冲刷即可达到自洁的目的。气枕的内表面通过水洗后，可维持 5 ~ 10 年的光洁，而实际应用中，这种清洗似乎并不重要。

氟利昂是一种非石油衍生物，可作为 ETFE 的生产原料，1989 年蒙特利尔议定书将其指定为造成臭氧层空洞的杀手。作为一种惰性含氟聚合物，ETFE 不易与其他物质发生反应。与玻璃生产相比，ETFE 生产所需的能量要少得多，且不需要多余溶剂。每平方米不到一公斤的质量优势为 ETFE 膜材开拓了广阔的适用空间。例如美国国家航天航空管理总局的卫星，其大面积的外表皮通过压缩后运输，不仅减少了运费而且在现场充气后即可一次成型。因此，在生产和运输过程中，ETFE 膜材所耗能源不足玻璃的百分之一。

在全球可持续发展议题的大背景下，ETFE 完全符合生态化标准。[4] 虽然它既不是天然材料也不可降解，但却可以百分之百回收再利用。福伊特克公司作为建筑领域应用 ETFE 材料的权威企业，目前正致力于回收进口国内外生产企业所产生的边角余料。除了材料本身，ETFE 气枕在建筑使用过程中体现的环保性能同样具有重大意义。

1__John Schiers，编辑．《现代化含氟聚合物》（Chichester：John Willy+Sons 出版社）1997，p.301。

2__ 同上，p.307。

3__Craig Schwitter．"ETFE 气枕在轻型屋顶结构中的应用"《1994 年 IASS-ASCE 国际研讨会有关空间网架张拉结构论文集》（赖斯顿，弗吉尼亚：ASCE 出版社）1994，p.624。

4__ 为了探讨技术是否满足生态标准，参考了 William McDonough 和 Michael Braungart 的《Cradle to Cradle》（纽约：北点书局）2002。

25

26

27

Elypso 游泳馆，德根多夫
PGF Planungsgesellschaft；Gollwitzer Architekten，2003
25–27__ 封闭式游泳场馆为 ETFE 气枕式膜结构系统提供了持久的应用市场

风险与可靠性

一项新的技术若能成功进入市场，尤其是相对保守的建筑行业，其自身必须有深厚的理论基础作后盾。ETFE 材料技术从最初富勒、奥托、哈珀德以及利德尔在哲学及概念设计领域的开始，经过 30 年的发展，已经从梦想步入现实，同任何新兴技术一样，ETFE 也经历了从实验室到工厂所必然经历的风险与革新。

为了能使 ETFE 膜材得到更广阔的生存发展空间，仍需经常对它进行实践的考验。这并非将 ETFE 膜材与传统建筑材料相提并论，一直以来，对于 ETFE 气枕系统防水、安全、防火、耐久性、维护成本、结构稳定性乃至建设保险等方面的质疑此起彼伏，因此明确上述问题已成为推广 ETFE 材料技术的第一要务。在建筑领域，只有安全可靠、持久耐用的建筑技术才能被投资者和设计师所接受。

下面所述实例有助于我们认识在 ETFE 材料技术发展变革中亟待解决的问题。当 20 世纪 80 年代 ETFE 系统出现之时，市场上还没有可以焊接膜面的工业化焊接设备。由于多种原因，当时对于含氟聚合物的生产及焊接都需特殊设备完成。其熔点比聚氯乙烯或低性能塑料高出 3 倍，此外，当达到熔融状态下，含氟聚合物还具有高腐蚀性。因此，所有生产加工设备必须受到保护，使机器部件在与高温 ETFE 直接接触时不被腐蚀，并确保机械可靠性不随时间变化。为此我们在原有焊接设备上研发出可精确控温的温控机，为产品高质量输出提供保障。即便如此，工业领域掌握的焊接技术也是有限的，最可靠的生产设备仍被福伊特克公司所垄断且还没有投放到市场中。

ETFE 膜材初期的实验性应用可追溯到 20 世纪 70 年代的大学校园。当时人们试图像对待纤维织物或 PVC 一样应用这种新型材料，但他们忽略了膜材比纤维织物光滑、易破损及更易受环境影响的特点。纤维织物不具备像 ETFE

1

2

1__ 数控二维切割机床，切割面积 4×12m，与福伊特克公司的设计室直接相连

2__ 装备记号笔的数控绘图仪

膜材一样的环境效益。在此后的研发战略中，人们将提高 ETFE 材料性能与完善 ETFE 气枕式膜结构系统作为 ETFE 材料技术研发的两大发展方向。

应用 ETFE 气枕式膜结构的过程中，设计师习惯性照搬传统结构体系中获得的经验，其效果有时甚至会适得其反。最近一个实例就是安联体育场，由于沿袭了 20 世纪 70 年代处理纤维织物顶棚的经验，当进行到排水系统铺设时，才发现顶棚没有足够能力承载大的雪荷载。ETFE 气枕式膜结构的处理往往是与直觉相反的。例如为了增加顶棚的排水能力，传统做法是靠增加拱高或斜坡的方式实现，充气气枕由于材料结构属性不同，无需进行上述处理即可将顶棚积水的风险降至最低。

材料自身工程性能的改进是推动 ETFE 气枕式膜结构发展的原动力。材料失效往往是因为其力学性能欠佳，为了增加材料强度，通常要加大材料厚度，但 ETFE 膜材却恰恰相反。如果 ETFE 材料失效，最有可能是材料过厚，即便是在工程设计允许范围内，厚度增加也将导致材料变脆。

作为一种高弹性的材料，ETFE 会在一定范围内出现塑性变形。事实上，材料的形变已经考虑到设计之中。由于形变不能即时出现，所以设计最终状态要在建筑落成两三年后才能完成。出于对长期调查风险的担忧，整个行业都期望设计方能给出最终形变状态，因此在过去几年中为了达成广泛共识，相关方面的讨论一直没有终止。在 ETFE 气枕式膜结构工程中，若能充分发挥材料弹性和塑性的优势，使受力在材料间良好传递，膜材出现形变实际是新一轮卸载周期的开始。由于材料会出现适应性延展，因此在荷载增加的情况下，结构负重将低于理论设计值。单层 ETFE 气枕式膜结构无法充分发挥这项优势，因为考虑到塑性变形对

3

4

3__ 所有膜面均依照装配尺寸、形状切割完备
4__ 等待焊接中的膜材，背后是自动化存储器

于结构的影响，其荷载大小只能限制在不发生塑性变形的范围内。一旦超过这个限制，单层ETFE膜不仅会变得松弛，而且在风中还将发出声响。

与此相反，因为ETFE气枕可调性强，无论是荷载还是温度的变化，气枕与支撑结构均存可进行适度的伸缩。通过智能化处理，该特点在结构轻巧的基础上可满足大跨度的要求。特别是在单向或双向的索膜结构中，ETFE膜材与悬索良好的协作关系在大跨结构中体现出事半功倍的效果。

针对ETFE气枕式膜结构体系研究的另一方向主要集中在生态环境与高效能源利用领域。传统建材有其固定的导热系数，而多层ETFE气枕式膜结构可依据设计师需求主观设计导热系数、透明度、反射性能等参数。设计师无需像处理传统建材一样，根据实际应用情况测定已知建材的材料性能，ETFE气枕式膜结构开发系统可依据设计师指定参数，根据需求开发出满足要求的膜材。

尽管在建筑装配和材料领域，ETFE气枕式膜结构体系相对较新，但得益于结构的轻质及材料的高弹性能，该结构体系的安全性能一直是毋庸置疑的。大约在25年前，只有采用非可燃性材料才被认为是建筑安全保障的前提，任何塑料几乎都不可能被采用，易燃性成为塑料作为结构体的致命弱点。而ETFE在火灾中良好的表现彻底改变了人们的上述观点：其优良的防火性能使它在建筑领域受到广泛关注，并在世界各地崭露头角。从第一批批准建设的ETFE气枕式膜结构建筑中，我们已经看到了ETFE膜材为结构安全提供的有力保障。此外，ETFE膜材在建筑结构中的使用寿命也较纤维织物和塑料薄膜更长久。

多年来，建筑行业已经改变了许多对于塑料的成见，现在，塑料制品已被建筑界广泛接受。

5

6

5__ 焊接机床
6__ 经过良好培训、技术熟练的工人才能参与到气枕的整个生产流程中

ETFE 气枕式膜结构技术看起来简单，实则十分复杂。客户在寻找材料供应商时，应选择具有强大的建筑、施工团队做背景的供应商，并可承担从概念设计到构造说明乃至现场安装及后期维护的工作。福伊特克公司的研发团队历时25年之久，从原材料的研发、生产工序、设计理念、工程施工、环境战略以及安全保障等多方面进行研究，最终促使公司在该领域具有权威性、前瞻性的领导地位。如今该公司又在可持续建筑开发领域颇有建树。近年来，一批极具特色的 ETFE 气枕式膜结构建筑令人过目难忘。本书将在后续部分简要介绍一些通过其他建造技术难以实现的 ETFE 气枕式膜结构工程项目。

柔性结构

20 世纪 80 年代，建筑师和工程师开始效仿奥托早些时候将充气气枕与支撑结构结合的做法，从气承式膜结构转战探索复合式膜结构系统。在这些复合结构系统中，空气不再充当着主要支撑结构的角色，而是用来给膜材施加预应力，以防止其松弛，并且可以间接提高建筑围护结构的隔热性能。支撑体系与 ETFE 气枕已被证明具有高度契合性。

自行调节能力

无论从材料属性还是结构来看，ETFE 气枕式膜结构都可谓是一种柔性结构。同众多建筑材料强调材料强度不同，ETFE 膜材展现的是其延展能力。同钢材、水泥或玻璃相比，ETFE 膜在 $23.5N/mm^2$ 的低应力条件下就会屈服。但事实也表明，从延展至最终撕裂，ETFE 膜可延伸至原有尺寸的 4 倍。因此 ETFE 膜非常适合充气结构，通过注入气体撑起膜面并保持膜面紧绷。虽然其内部气压值只维持在 200 ~ 600Pa 之间，相当于 0.2% ~ 0.6% 的汽车轮胎内气压，但这已足以保障膜面抵御外来的风雪荷载。虽然来自气枕内部的预应力与外部活荷载均临近 ETFE 膜的屈服点，[1] 但 ETFE 材料的抗拉能力与延展性能杜绝了破坏的发生。这意味着 ETFE 气枕式膜结构要远强于由木材、钢铁、铝材或其他建筑材料组成的结构体系。

1968 年，雷诺·班汉姆通过与既有结构的对比描述了充气式膜结构的性能，“建筑就像处在内外环境之间的衔接体，在某种程度上，一旦我们意识到这些已有建筑发生这样的情况（滴水的声音、瓦片纷飞、窗子吱吱作响），便可认定这些衔接出现了故障。但充气式结构却具有

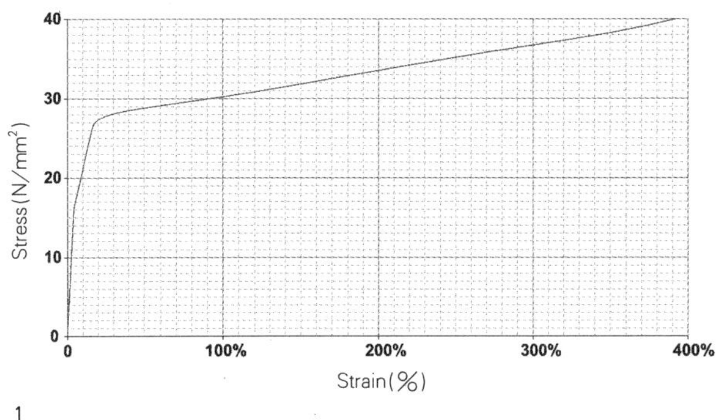

1

2

3

1__ 压力形变曲线
2–3__ 英国电视节目《明天的世界》展示了 ETFE 气枕高强度的抗压能力

自行调节、修复的能力。如果它不发生颤动或吱吱作响，反而意味着出现了故障。膜材自行调节功能与那些办公大楼上的玻璃幕墙相比可谓是真正生态意义上的‘皮肤’。”

在班汉姆实验性的小型充气穹顶中，他补充道：“充气的美在于支撑体间会直接产生连锁性的反应。任何来自该穹顶结构内外的轻微触动——甚至是大声说话——都会引发膜面的一系列反应。这与任何来自昂贵计算机的干预都无关，仅仅是由于内外存在压差造成的。这种使用者与建筑物之间的关系，看似是各行其道，实则息息相关。”[2]

虽然班汉姆特指的是气承式充气结构，但他对于自行调节膜的论述同样适用于气枕式膜结构。充气后，ETFE 气枕的内部压力、表面张力与膜面曲率达成某种形式上的平衡。并非是依靠材料自身强度承载压力，ETFE 气枕通过形变吸收能量、缓冲速度，与材料不同，气枕的这种形变是可逆的。当荷载加大，气枕将会变硬，膜材曲率增高，从而更好地承载压力。膜材与气枕协调形变最终促成了一套主动完善的自行调节系统。

充气后的 ETFE 气枕重量约为传统密闭式结构的百分之一，从而极大减少了基础所需承担的固有荷载。规格化生产的普通玻璃，其最大跨度只有 1.5m，而单向承载的 ETFE 气枕跨度可达 3 ~ 5m，双向承载高达 11m。足够大的跨度模数保证了在无需二级支撑结构的情况下，主体结构即可形成对气枕的支撑。除了满足跨度和承载力的需求，主体结构还需考虑变形及扭曲等。ETFE 气枕即便是在通常结构的支撑情况下，也会产生变形和偏移，因此为了消除这种形变，膜材与结构主体应设计成柔性连接。

4

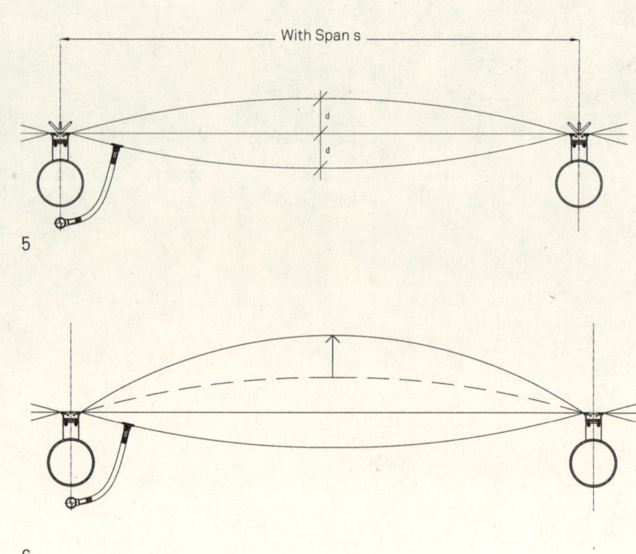

5

6

4__气枕的膜面弧度将直接影响围护结构的外观和力学性能
5__气枕的切面及弧度
6__在应力的作用下，轻薄的 ETFE 膜面和形态可变的气枕共同构成了自平衡体系。弧度的增加导致承载负荷的能力降低

形状、气候和天气

同向弯曲是指在物体任何点上弯曲趋势都是相同的，球体是最形象化的典型模型。通过最小表面积实现对最大体积的覆盖，气泡或气球成为对空间最高效限定的代表。但是，使气枕完全模拟成气球的形状却并不现实。严格的曲率半径、最小的膜面荷载都只是理想化的状态。曲率半径的增加虽然加大了膜面应力，但材料所需量随之减少，同时表面趋于平坦的气枕可更好的应对风荷载，由此产生的震动也会被膜面吸收而不致影响整个结构体。此外，防止气枕泄气后积水残留也是顶棚曲率设计必须考虑的因素之一。顶棚越是趋于平坦，积水的可能性就越小。因此，无论规模大小、荷载组合方式如何，气枕的设计原则都是在材料厚度一定的情况下保证材料隆起曲率最小。通常情况下，气枕中心点高度范围应为其跨度的 6% ~ 20%。

同大多数材料一样，ETFE 会随温度的变化热胀冷缩。但它的弹性范围却很有限。从屈服条件来看，在 10 ~ 12N/mm^2 的压强下，材料便会出现延展。在张拉力的作用下，膜材受温度变化影响更大。季节的变化促使这种情况的发生，一旦膜材所受应力超过其屈服极限，将最终导致膜面松懈塌陷。考虑到膜材的这个特性，除非规模很小，张拉膜结构一般不采用 ETFE 膜材。与此相反，具有自行调节机制的气枕式膜结构却可以避免上述情况的发生。

当温度超过 70℃，ETFE 膜材将损失一定强度。因此在非常炎热的气候条件下应用 ETFE 膜材必须谨慎对待。如果单从温度条件考虑，大型气枕更适用于温带或寒冷地区，小型气枕则适用于炎热的环境。但是，温度并非是决定气枕大小的关键性因素。当风吹过薄膜制成的大体积气枕，其表面温度将降至与风环境相同的温度。此时，因为冷却后膜面强度提升，气

7

8

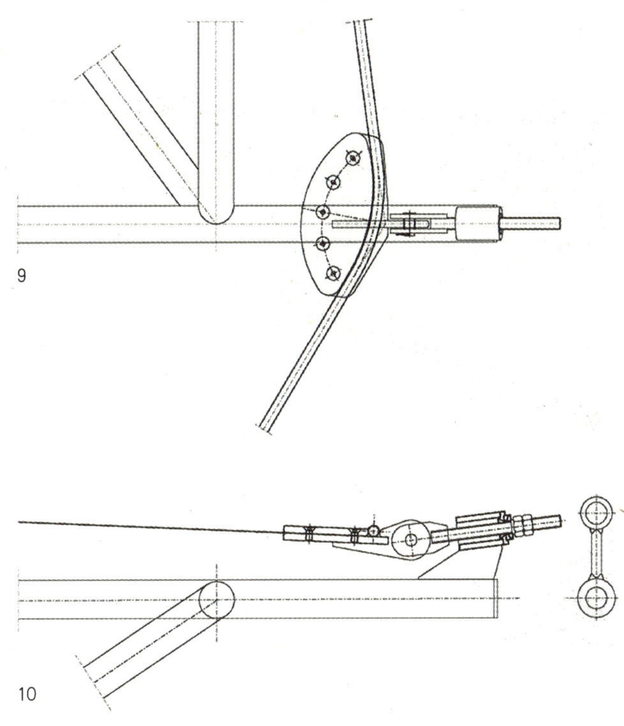
9

10

DBU 会议展示中心，奥斯纳不吕克，Herzog + Partner，2002
7__ 小尺寸的单层 ETFE 膜面张拉成鞍形曲面，用于屋面防水
8–10__ 缆线将 ETFE 膜材边缘张拉成扇贝的形状

枕的承载能力也随之加强。

在极端寒冷的气候条件下，雪荷载将成为 ETFE 气枕面临的主要问题。现已建成的 ETFE 气枕屋顶承受积雪荷载可达 3000kg/m^2，大约相当于 3m 厚的积雪量。当荷载在某一区域集中分布时，通过在索网下设置临时支撑，或者临时提高气枕内部的空气压力的方式，提高气枕承载能力。

在实际工程中，风荷载是决定气枕形状和最大尺寸的重要因素，结构必须应对超过 5kN（500kg）/m^2 的风荷载。膜材和气枕从材料及结构两方面展现出 ETFE 系统在处理活荷载方面的优势，特别是针对风荷载。正常情况下，气枕表面积越大，膜面风荷载产生的压强就越小。其原理为风荷载短期高压作用于结构的某一局部，而气枕的作用就是在一定时间内将这种局部荷载向周围释放出去，如同地壳需历时一年的时间将地震的能量逐渐释放一样。与传统刚性围护结构相比，ETFE 气枕结构释放风能的方式使其每平方米风荷载设计值得以相对降低。

阻尼延伸的属性同样有利于节点构造。与玻璃幕墙不同，ETFE 气枕边框不必像幕墙窗框一样，需应对来自气压、温度、天气及结构引发的任何变化，因为这些现象不会集中出现在气枕边缘。就像烤黄油面包一样，能量会被整个柔软的面所吸收，这将减少甚至无需传统结构中采用的活动连接。许多建筑问题都是由于不同种材料或结构连接失效所引发的，保温性能在这些连接点往往无法得到满足。以玻璃为例，它是我们生活中常用的建筑材料，但玻璃系统的实际设计寿命只有 15 ~ 20 年，因为玻璃垫层及双层玻璃间的密封物会随时间老化，不仅保温性能会随之降低，同时也会导致空气及雨水的渗漏。与之相反，由于 ETFE 具有延展性，而且气枕体积远远大于传统结构组成单

11

12

13

皮卡迪利火车站，曼彻斯特
建筑设计联合事务所，2002
11–13__ 虽然从几层楼高落下的金属盖板并没有破坏气枕，但对 ETFE 气枕最大的破坏威胁还是来源于施工过程中

汉普郡网球俱乐部，伊斯特利
Euan Borland Architects，1995
14–16__ 单轴索网支撑下的 ETFE 气枕

14

15 16

位，大量连接构件从中解放出来，连接件的减少势必大大延长气枕结构的使用寿命。

强度和韧性

在气枕式膜结构系统中，单个气枕内外的荷载保持平衡，但在结构外围，如顶棚边缘，风荷载就要靠主体结构承担。气枕边缘的强度要保证荷载可以向周围传递，并且其韧性要足以应对由气压、风、雨和雪引发的活荷载。最典型的节点构造就是在气枕周边钳住或压封的ETFE套管内穿入聚酯或PVC绳。ETFE材料的韧性取决于它的厚度，250μm是工程建设中建议的最大厚度值。膜材过厚将导致脆性增加而变得易碎。因此，另一制约气枕体积大小的因素是材料的厚度及气枕周边所受荷载的大小。

当充入空气后，ETFE气枕将具有高强度的表面张力及耐冲击性。虽然ETFE膜面可能被利器刺破，但它所具有的高度抗撕裂性能意味着破损不会向更大范围发展。此外，多层气枕也具备自我修复破损的能力。一旦外层被刺破，中间层会在压力的推动下自动封堵外部的漏洞。由于气枕间相互独立，因此破损被局限在最小范围内。轻微的损坏可在原位便捷地修复，通常不需要更换整个气枕。

结构革新

兼具拉压两种结构特点的ETFE气枕式膜结构体系已经催生出一系列结构领域的创新。1995年在英国伊斯特利竣工的汉普郡网球俱乐部（Hampshire Tennis and Health Club at Eastleigh），采用的便是以索网支撑ETFE气枕构成的单向索网结构。这座造型优美的健身俱乐部建筑面积为6000m^2，可容纳10座网球场。其正脊由一系列受悬索固定的成对钢桅杆组成，

17

航空展览馆，马格纳工程，罗瑟汉姆
威尔金森·埃尔事务所，2000
17_ 展馆如同飘浮在钢厂内部

两侧是围护结构。预应力钢索两端分别固定在正脊和地面上，以此承载由3层膜构成的半透明ETFE气枕。该气枕宽约3m，长18m，通过钳制方式与钢索连接，风沿气枕表面流动，具有良好的散热作用。作为平行钢索间的连接构件，ETFE膜面上发生的阻尼振动将对稳定整个结构起到关键性作用，受到张拉应力的气枕就像是垂直分布在钢索间的一组“弹簧”，起稳定作用的同时也在垂直于钢索的方向上起传递荷载的作用。最终使整个单向索能像双向索结构一样工作。

位于马格纳的航空展览馆（The Air Pavilion at Magna）于2000年竣工，它将ETFE气枕和索网结构相互依存的共生关系充分展现出来。设计的挑战在于基地位于罗塞蓝废弃的钢铁厂内，博物馆是以工业时期的概况和钢材生产的基本原料作为展示重点。在400m长、35m高的工业厂房内分别设置了主题为泥土、火焰、空气和水的四座展厅。航空馆外壳被设计成类似飞艇形状悬置在顶棚的下方。早期设想是利用传统钢架支撑ETFE气枕，但为了满足预应力的要求，钢架最终被更为轻巧的悬索取代。

整个展馆长44m，截面直径由中部最大的16.7m逐渐降低至端头的5m。两个由114mm直径钢管围合的椭圆形支撑环通过斜向支撑固定在展馆两端。在两个支撑环之间，是11个纵向排列的ETFE充气气枕，其最大宽度为4.8m，长度覆盖整个结构体。气枕间的衔接体每隔6.1m便设置一处连接点与外部索网相连，再通过索网与原有钢结构连接。汉普郡网球俱乐部采用的悬索结构是通过钢桅杆提供预应力，气枕形状的改变不会对悬索产生影响。与网球俱乐部不同，当展馆上的气枕充气后，气枕将呈现出圆柱形空间形态。气枕在受制于外部索网限定的同时，也反作用于外部索网。通过力的直接传递，索网与气枕间形成了共生般的协

18–21

22 23

18–21__ 施工中的展馆

22–23__ 索网与膜结构形成了共生关系

24

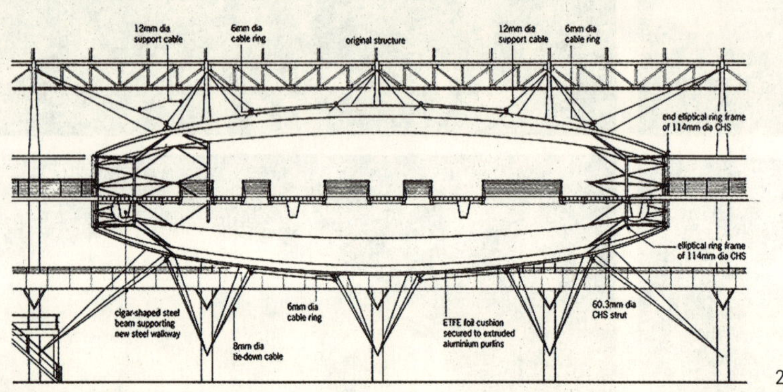

25

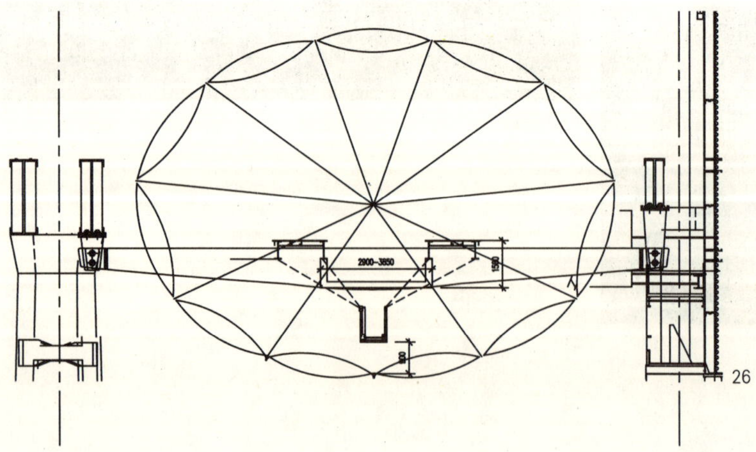

26

24__ 钢结构网架和参观台内部结构图

25__ 纵轴剖面

26__ 横轴剖面

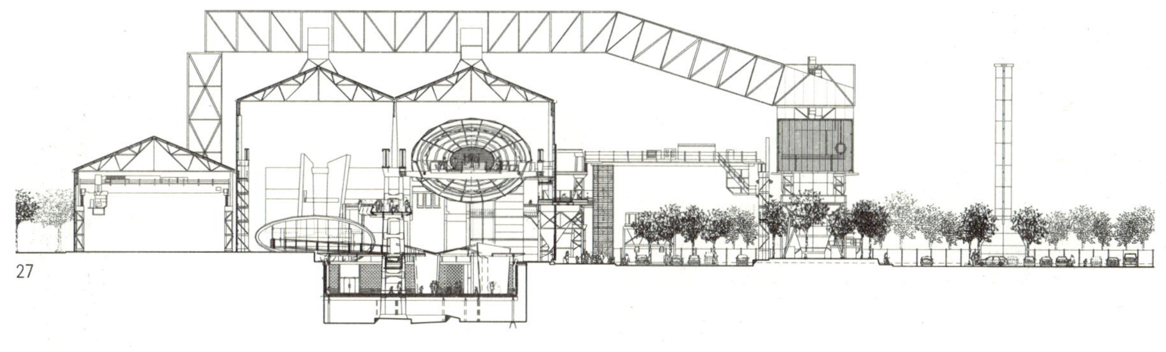
27

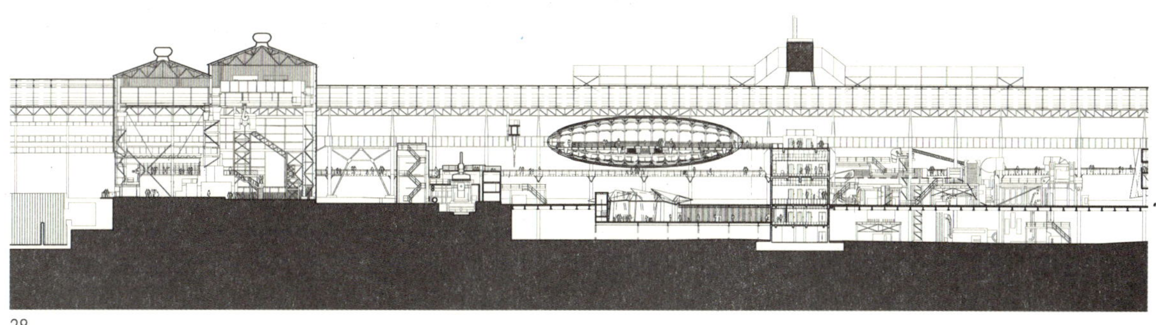
28

29

27–28＿ 钢厂横纵剖面图

29＿ 展馆的出现使重工业和轻型结构技术形成鲜明的对比

30

31

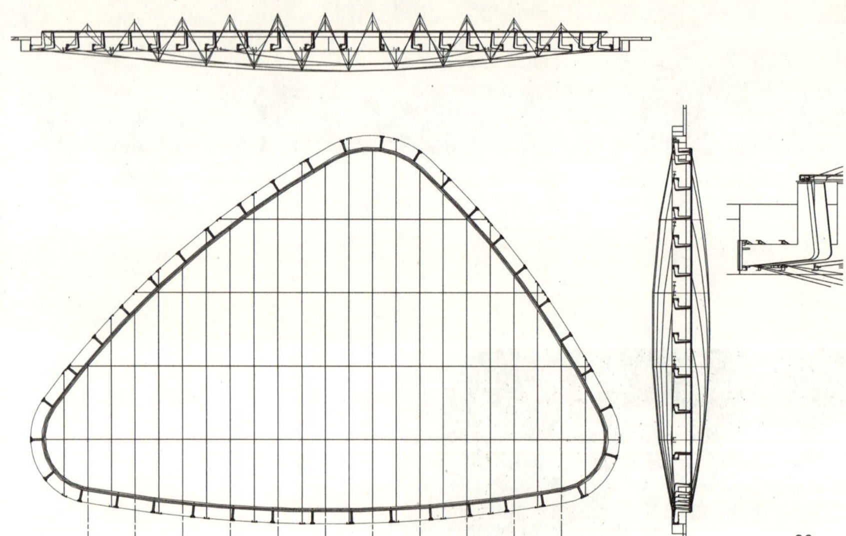

32

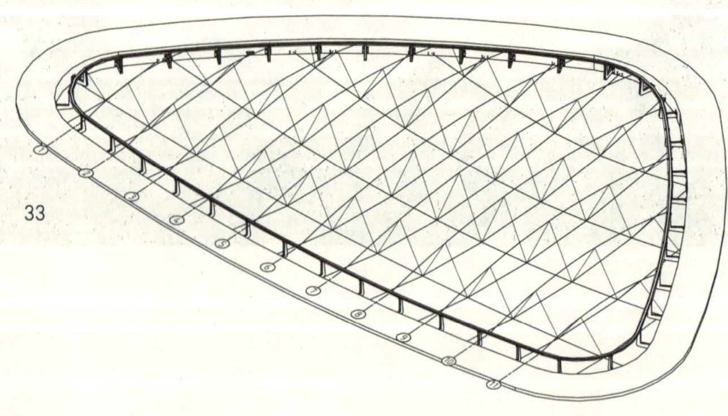
33

巴塞尔人广场上的卵形建筑，法兰克福
AS&P–Albert Speer&Partner，2004
30–31__ 弓弦桁架支撑的 ETFE 气枕顶棚通过双向钢缆加固
32–33__ 结构平面、立面和轴测图

34

35

34–35＿中庭顶棚造型是受到肥皂泡的启发

作关系。

展馆利用轻质结构与置于地面上的重型钢结构并置的方式诠释展览内容，外观在与主题契合的同时，也将空气作为结构体的潜能展现出来。同样强烈的对比也曾出现在1901年飞艇与埃菲尔铁塔的标志性照片中。近一个世纪之后，伊塔洛·卡尔维诺（Italo Calvino）仍然对此评论道："如果让我为新千年选择一个吉祥的代表，我会选择……那些带领我们遨游天空的飞行器，因为他们保有如何突破地心引力的秘密。可能许多人会认为，充满活力的时代应该到处充斥着侵略性的噪声与轰鸣声，可在我看来，那就像一辆生锈的破车在驶向墓地，已经到了垂死的边缘。"[3]

在法兰克福巴塞尔人广场上的卵形建筑中（Oval at Baseler Platz in Frankfurt），拉压杆件和ETFE气枕被用来建造庭院顶棚。该项目于2004年竣工，首层用于零售，以上6层用于办公，顶上3层是居住单元。不规则的顶棚为底层商户及办公区提供了可供休闲的中央庭院，同时又不影响顶棚外部住宅单元的采光。顶棚造型是受肥皂泡泡的启发，平缓的坡面并非是出于外观的考虑，而是为了避免气枕在泄气后产生积水。通过下弦杆件的张拉，间隔3.5m的支撑肋最终形成向上隆起的曲面。虽然支撑肋的中心高度均为跨度的8%，但由于支撑肋的跨度10～30m不等，因此每条肋的曲率也不尽相同。支撑肋由219mm直径的钢管构成；V形短柱与之垂直排布；钢索呈双向受力状态。来自上弦的水平荷载通过索网与铰节点传递到环梁上，以保证在风、雪荷载的作用下，顶棚仍能持平。环形钢梁将荷载最终传递至下部支撑结构体中。当产生使顶棚向上隆起的风吸力时，上弦杆件将受拉，受力角色由压杆转变为钢索受拉。在雪荷载作用下，它又将进入受压状态，

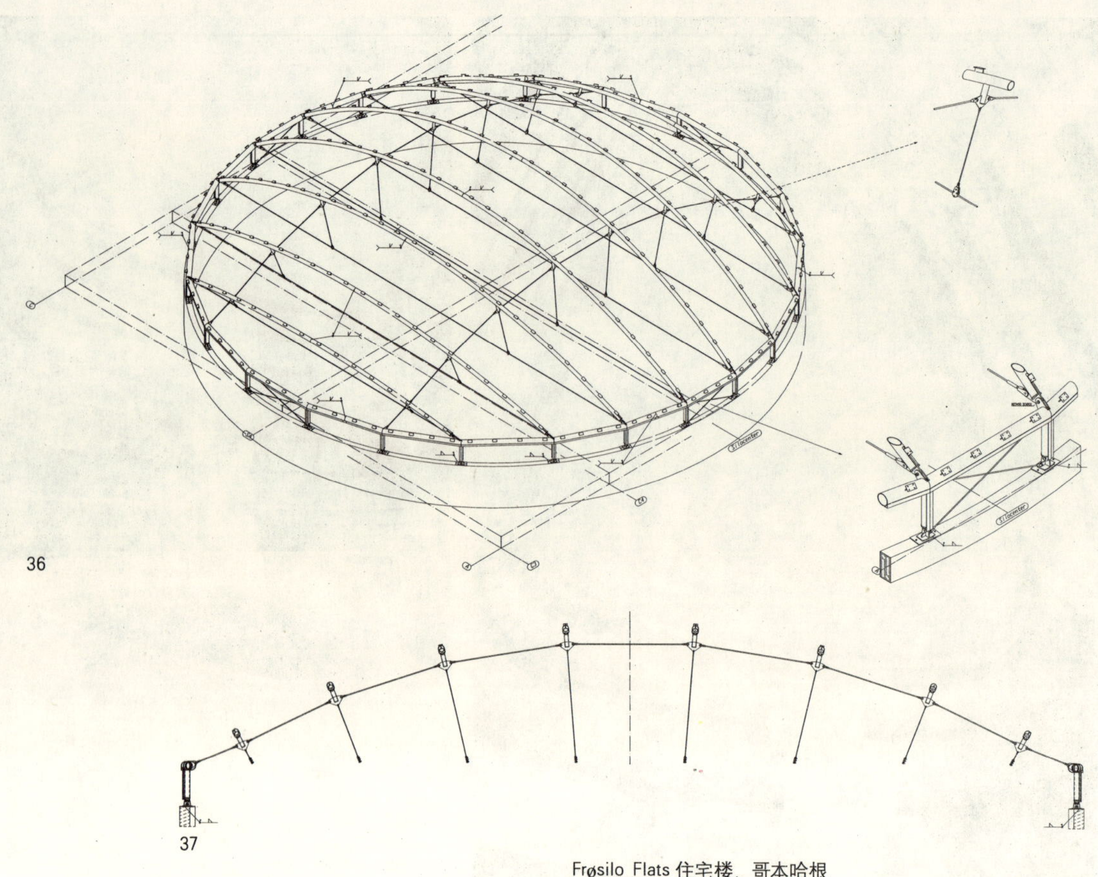
36
37

Frøsilo Flats 住宅楼，哥本哈根
MVRDV 工作室与 Jenson+Jorgenson+Wohlfeldt 工作室合作，2005
36–37＿中庭顶棚取自球形体的一个横切面，支撑桁架以球心为中点向外发散

同 V 形短柱与钢索一同防止结构屈服。钢索与短柱同样为上弦杆件与边框提供侧向支撑。由三层 ETFE 膜组成的气枕，经空间找形过程而呈现形态各异的几何体。

2005 年，在哥本哈根竣工的 Frøsilo Flats 住宅楼（Frøsilo Flats in Copenhagen）中庭顶棚采用了相同的工作原理。作为一项废弃谷仓的改建计划，原有混凝土墙不能开大口，因此设计师决定将改造工作由外部转入到谷仓筒中进行。通过在仓筒上部加建 ETFE 气枕顶棚，整个谷仓中部被改造成巨大的入口门厅，垂直交通与服务设施被安置其中。每个中庭顶棚形状都是取自球面体的一个横切面，支撑桁架并非平行排布，而是以球心为中点向外发散。因此支撑桁架的上弦钢索与下弦钢索一一对应保持平行。由于顶棚呈几何对称，充气气枕取代垂直于桁架的索网的作用，防止上弦杆件发生侧向失稳。

另外一项具有历史意义的 ETFE 气枕式膜结构改扩建工程是位于杜伊斯堡的 Meiderich 剧场（Meiderich Theater in Duisburg），在该项目中创造性地引入大型可伸缩结构。该项目于 2003 年竣工，坐落于 $200hm^2$ 的公园场地内，同马格纳工程一样，它将一座废弃的炼铁厂改造成公共文化设施。伸缩顶棚的采用确保了在恶劣天气条件下该剧院仍可投入使用，顶棚同时也兼顾以下三方面的考虑：冬季，通过关闭顶棚，观众座席及由锻造车间库房改造而成的演职员房均可变为室内；为了适应原炼铁厂遗留的管道布局，由 T 形钢构成的顶棚滑轨在钢管支撑下必须成波浪形起伏；采用 ETFE 膜面顶棚，不但自重轻，而且可缓解结构的变形及运动，另外，气枕还对改善空间声学具有良好效能。由于顶棚高度透明，人们坐在剧场

38–42

43

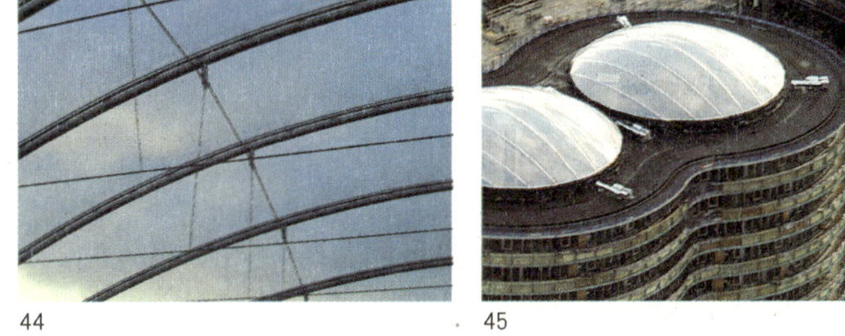

44 45

38–42__ 预制 ETFE 顶棚吊装到安装点

43–45__ 弓弦桁架与顶部拉索平行

46

47

48

49

Meiderich 剧院，杜伊斯堡

Planinghaus architekten，2003

46–49__ 剧院的可伸缩膜顶为废弃的铁厂注入新的活力

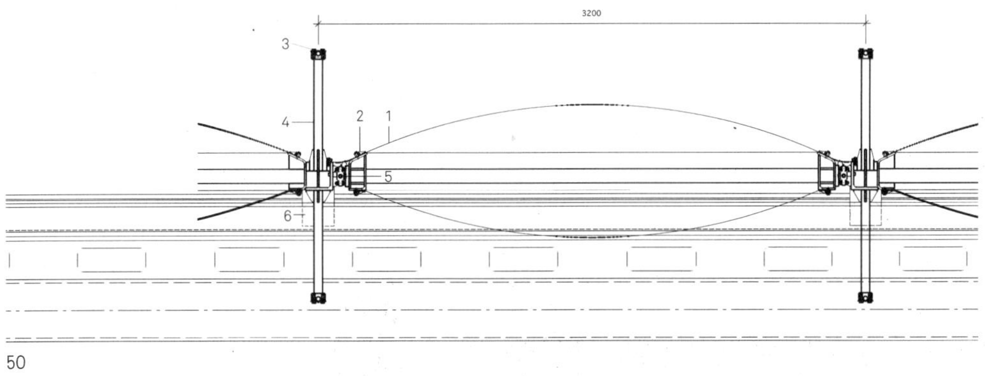

50

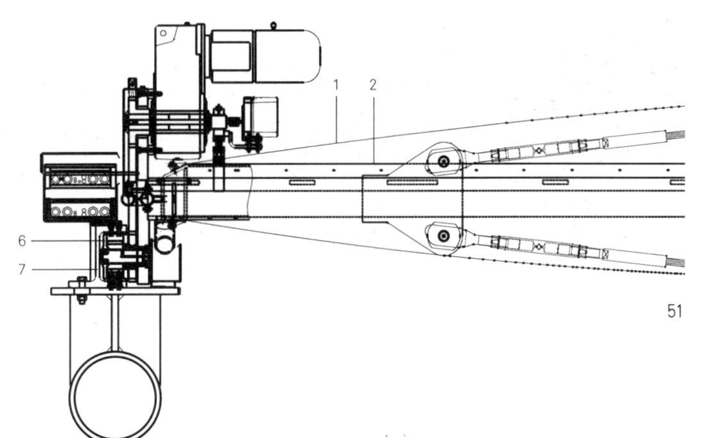

51

50__ 纵轴细部剖面
51__ 边缘细部剖面
1 0.2mm 厚的透明 ETFE 膜材
2 带橡胶垫的铝制边框
3 不锈钢杆
4 50mm×50mm 规格的不锈钢支撑
5 连接件
6 直径 180mm 的可移动滑轮
7 导轨

中仍可清晰看到高大的煅烧炉，该设计的重要意义就在于如何更好地保留原有工业设施的历史价值。

大尺度结构

除了在小规模工程中的应用以外，轻便的 ETFE 气枕式膜结构系统同样适用于更大跨度领域的工程。最近发表的 xanadome 结构概念，力图在这一领域有所建树。该结构体主要由铰接拱组成，两侧是用来固定拱架的斜拉钢索，钢索从一锚节点扇形发散与拱架连接。不同于传统的拱形结构，xanadome 采用的铰接拱内压力与张拉力同时存在。在受力情况下拱架将呈现出非正交的复杂几何形体。由于没有弯矩的存在，组成 xanadome 结构体的每一个构件都将发挥其最大的承载能力。从理论上讲，xanadome 结构体跨度将远远大于我们熟悉的结构体系，目前已证明，1 英里（1.6km）范围内的跨度是可以实现的。[4] 此外，由于组成结构体的构件很小，这使结构的制造、运输都可以在短时间完成，结构的组装也可以在无需脚手架和大型起重机的情况下快速进行。洛杉矶城市艺术博物馆（Los Angeles County Museum of Art）是大都会建筑事务所 2002 年的参赛方案，该方案力求通过 xanadome 支撑 ETFE 气枕的方式建造一座笼罩整个城市区块的膜结构穹顶。

但是，第一个真正意义上的大型 ETFE 充气结构采用的却是更为熟悉的网格球顶。2001 年竣工的伊甸园工程（the Eden Project）试图从生态学角度强调人与植物相互依存的共生关系，通过技术手段营造人为的理想家园。项目坐落于英国西南方的康沃尔郡，作为世界上最大的温室建筑，很多评论认为该项目对于探索环境科学负有重要责任。就如同“……富勒预见聚合物技术和计算机建模能力”[5] 一样，伊甸园工

52

53 54

52__ 轻质的 ETFE 气枕式膜结构体系适合用于建造大尺度可移动结构
53–54__ 钢柱支撑下的缆线

55

56

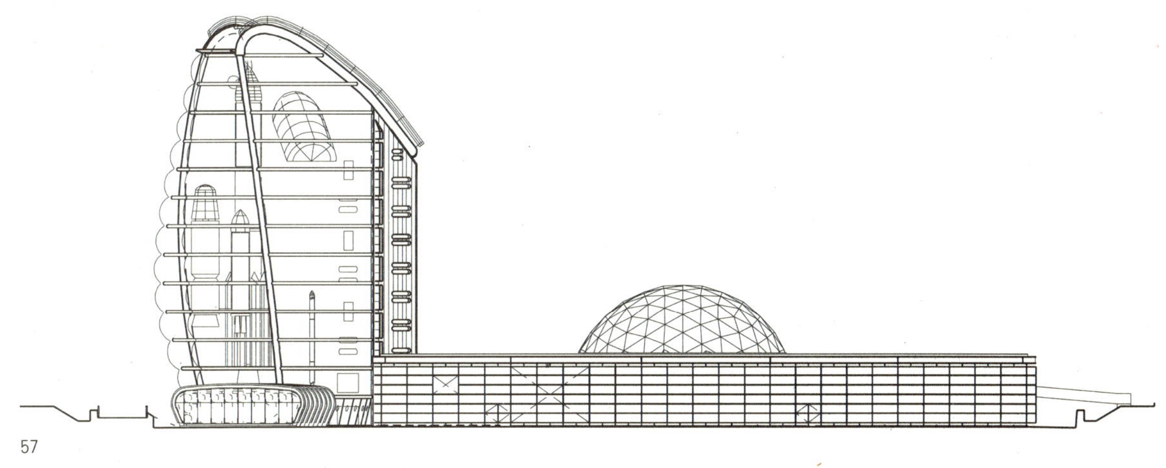
57

英国国家太空中心，莱切斯特
格雷姆肖事务所，2001
55–56＿覆盖 ETFE 气枕的火箭塔——纪念太空竞赛那段历史——横向由间隔 3m 的钢管支撑，通过纵向的混凝土柱将荷载向下传递
57＿立面

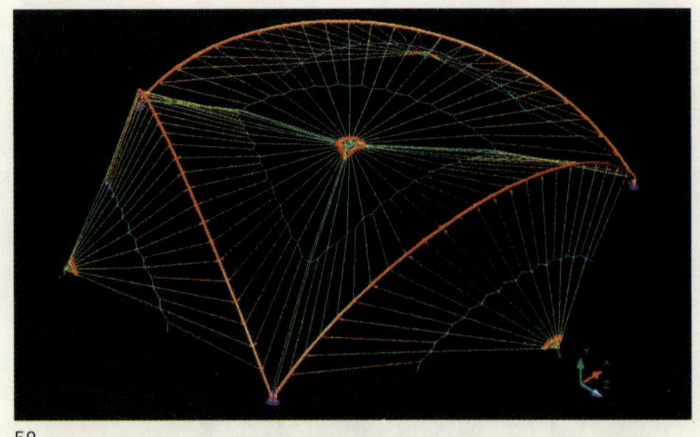

58

58__ 组成 xanadome 结构体的铰接拱在扇形分布的索网固定下保持平衡

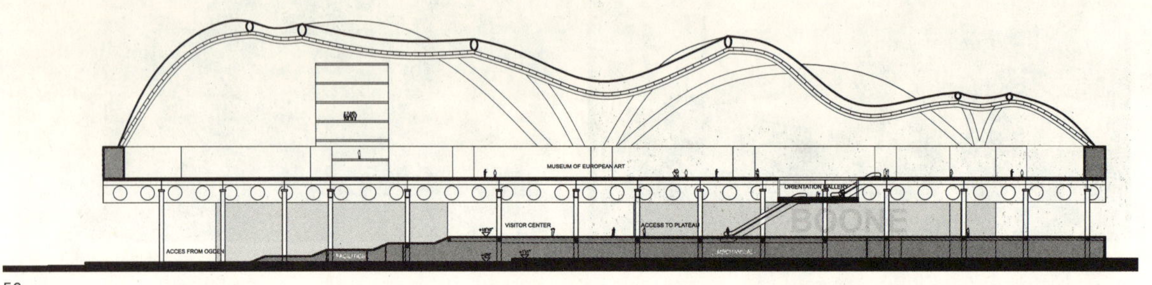

59

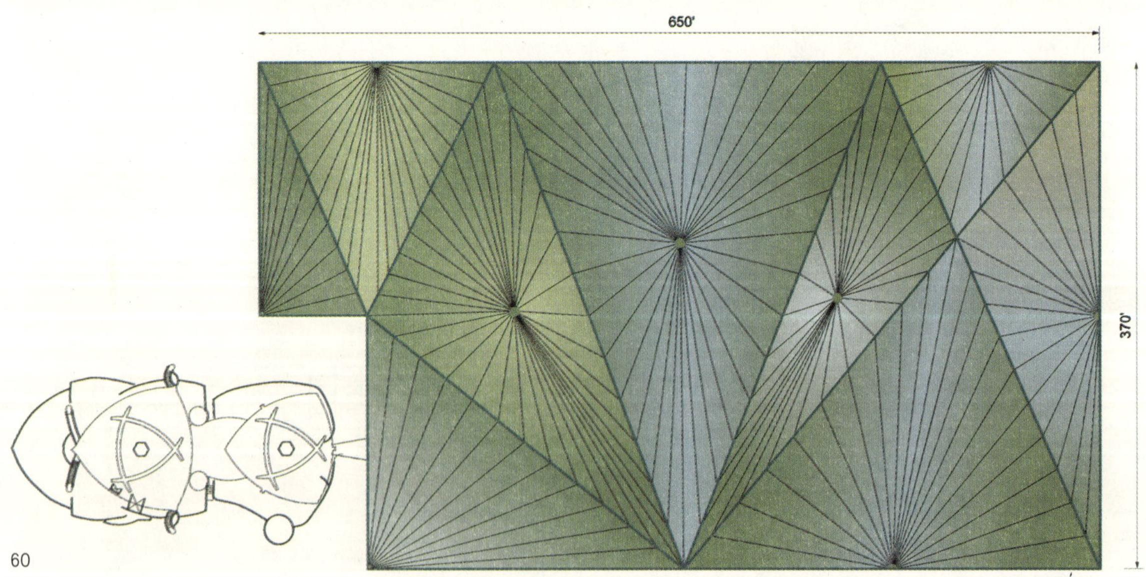

60

61

洛杉矶城市艺术博物馆
大都会建筑事务所，2002
59__ 剖面
60__ 顶棚平面
61__ 大都会建筑事务所的竞赛方案将 xanadome 结构体与 ETFE 气枕巧妙地结合

程预示着完全采用 ETFE 气枕式膜结构设计建筑时代的到来。失去柔性结构的属性，ETFE 技术将寸步难行。同样，奥托也理应受到我们赞颂，项目中 8 个半径范围从 18 ~ 65m 不等的温室穹顶，利用最小表面积覆盖了最大的空间体积，像一系列肥皂泡泡一样，安静地坐落在风景之中。

为了保障温室穹顶有最大的通透度，满足植物的正常生长，结构杆件在数量及尺寸上均要做到最小。例如采用双层密封玻璃，除了额外增加主体结构负重，同时还会增添众多小型的连接构件，这必然违背了设计初衷。ETFE 气枕由于自重轻且体积大，自然是满足要求的理想选择。经过对几何形体的多方研究，设计团队采用了富勒的网格球顶——同体积大小的气枕单元可依据穹顶半径大小调整单元比例——在直径 500mm 钢管的支撑下，膜面不会产生松弛。尽管钢架与膜面被视为两套系统，但组成网格球顶的六边形单元体却统一了气枕的规格，双层膜六边形气枕内、外膜直径分别为 114mm 和 193mm。统一后的主体结构重量也因此降至原有的 50%。出于对连接节点及边缘构造造价的考虑，该结构形式下一发展阶段应尽可能扩大零部件尺寸。

设计团队在设计这个由钢构架和 ETFE 气枕组成的轻型结构时，面临的最大挑战是重量为 22kg/m^2 的穹顶如何处理活荷载。风荷载极易成为工程不可行的主要原因。通过风洞试验最终证明，建筑所在地形有效保护了结构，使其免受极端风荷载的影响。为了适应每个穹顶的尺寸，六边形气枕的直径从 5 ~ 11m 大小不等。由于构成球形穹顶的网格尺寸与几何形态并不统一，因而无法将穹顶交线进行模数化处理，通过直接利用钢管格构拱衔接交线的形式，交线最终得以串联起来。

由于伊甸园工程采用的 ETFE 气枕是福伊特克公司制造的最大体积的充气气枕，为此合

62

63

同中特别包含了要提供全尺寸模型并针对其进行各项物理性能测试的要求。虽然最初认为该结构需要索网加固，以抵御大风、雨、雪等荷载，但通过模型试验证实，气枕极富创新性的组合提升方式可有效将荷载通过气枕外膜面向外传递，索网加固完全没有必要。需要注意的是风荷载可能会在气枕外表面形成负压，通过增加膜面厚度或气枕膨胀高度虽然可以产生明显效果，但膜面厚度一旦超过 125μm 将变脆，气枕高跨比超过 10% ~ 20% 的范围将产生横向的不利影响。为此，气枕外侧膜面由一层增至两层，保证强度增加的同时力学性能不受影响。在应对雪荷载时，内层膜弧度可在不产生横向推力的情况下增加 15%。气枕内常规压强是 250Pa，但当雪荷载增加时，为了防止膜面松弛可增至 400Pa。上述调整确保只有穹顶相交处的拱形支撑结构需要索网加固。尽管网格球顶具有几何学重复性，但每个 ETFE 气枕却又不尽相同，膜面数量、厚度、形状以及膨胀程度都需依据其所受荷载逐一进行调试。

整座伊甸园工程主要由网格球形顶和球形顶间的连接拱组成。由于采用了壳体形态，即便是在 250m 长的最大穹顶上也没有凸起式连接构件。相对于如此大跨度的结构体来说，建筑建成后产生的 200mm 偏移是在结构允许范围之内的，并且可在短时间内被膜结构系统吸收。当我们意识到整个结构体自重比其内部空气的重量还要轻时，当人类几乎摆脱地球引力时，我们由衷地钦佩巴克敏斯特·富勒，他无疑是引领我们实现梦想的先哲。

64

65

66

67

伊甸园工程，St.Austell

Grimshaw 事务所，2001

62__ 如同一系列肥皂泡，8 个直径各异的网格球顶以最小的表面积覆盖了最大的体积

63__ 作为首个大型封闭式膜结构建筑，若没有 ETFE 结构的介入，整个工程将难以实现

64–65__ETFE 膜材的透光性优于玻璃，也更利于温室内植被的生长

66__ 看似精美的 ETFE 气枕式膜结构实则非常坚固

67__ 穹顶顶视图

68

69

70

68__ 穹顶顶部通风口打开效果

69__ 在穹顶的交汇处的连接拱

70__ 作为世界上最大的植物温室，其结构自重却比封闭下的空气重量还轻

1__Craig Schwitter，"ETFE 气枕在轻型屋顶结构中的应用"《1994 年 IASS–ASCE 国际研讨会有关空间网架张拉结构论文集》（赖斯顿，弗吉尼亚：ASCE 出版社）1994，p.625。

2__Reyner Banham，"Monumental Wind–bags"《充气时刻》（纽约，普林斯顿建筑出版社和纽约建筑联盟）1999，p.33。

3__Italo Calvino，"轻质，"《下一个千年的六条备忘录》（纽约：Vintage 国际出版社）1993，p.12。

4__Xanadome brochure，p.18。

5__Michael Wigginton，"Eden Regained，"《今日建筑》(2001 年 6 月)，p.119。

71

72

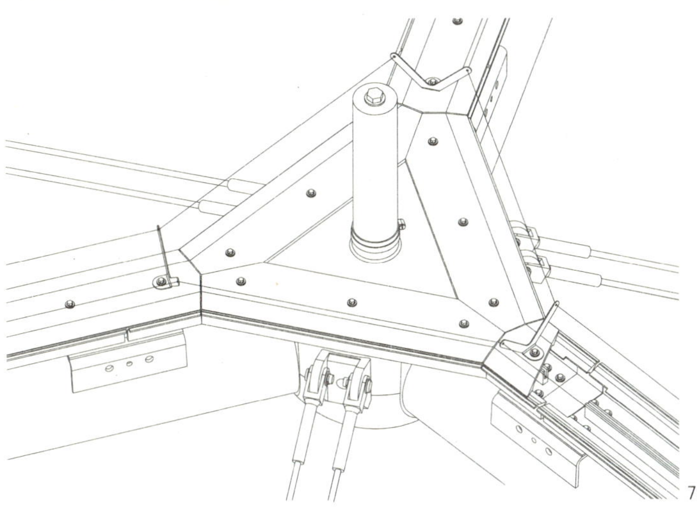
73

74

75

76

77

71__ 全尺寸的模型测试
72__ 通风口与结构主体连接
73__ 节点构造
74__ 气枕直径从 5 ~ 11m 不等
75__ETFE 气枕边框直接与主体结构相连
76__ 打开的通风口
77__ 三边形与六边形交替排列组成的穹顶，其单元尺寸明显减小，结构主体自重也大为减轻

膜材的优越性

除了为伊甸园工程提供技术支持以外，雷纳·班汉姆还是一位将环境效应引入建筑设计中的积极倡导者。该观点在《滥用的材料》中得到进一步阐释，建筑师希拉·肯尼迪在该书中特别强调了墙体由实体转变成格构化虚体的这一变革过程，以及由此产生的环境效益。尽管 ETFE 气枕式膜结构被戏称为“98% 都是空气”[1]，但这些空气与其外面包裹的膜材却是使建筑得以适应周边既有环境最有效的工具。

光线和视野

除了轻质以外，ETFE 膜材被广泛推广的另一原因是其具有更为良好的透光性。对于光线的透射率，ETFE 膜材可达到 90% ~ 95%，对紫外线的透射率是 83% ~ 88%，明显优于玻璃。尤其是对紫外线良好的透射能力，使其成为植物园罩棚材料的首选。因为如果要植物在无化学试剂干预的情况下营造自我循环的生态系统，温室内必须确保有充足的紫外线来杀死细菌和真菌。

此外，ETFE 膜材还具有较强的红外线吸收能力，利用温室效应可大大减少能源消耗，短波可像长波一样被吸收或反射。由于这些优势，ETFE 膜材逐渐在众多应用中取代玻璃。然而，虽然比玻璃更好地透射光线，但 1.5% ~ 3% 的漫射光[2]会使我们从内部仰望天空时呈现轻微的乳白色，尽管这个效果并不明显，但随着材料在建筑中使用量的增加，制造商仍在着力提高 ETFE 的光学性能。最近研发的一种新型膜材在透明度上已经能与玻璃媲美。[3]

保温和通风

气枕除了在结构上具有良好的承压性以及对风荷载产生阻尼效应外，其内部密封的空气层也使建筑具有良好的保温性能。虽然气枕厚

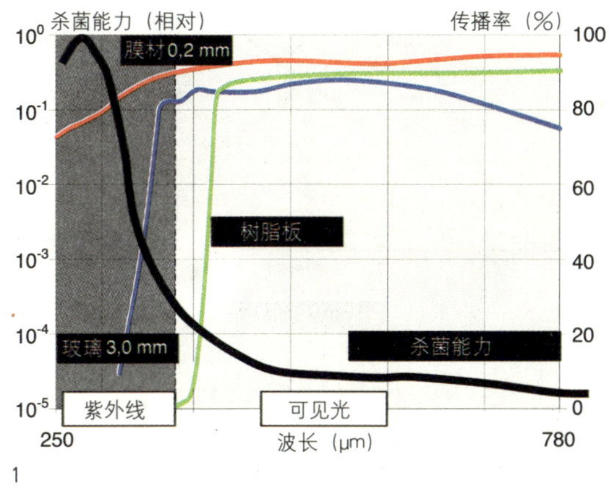

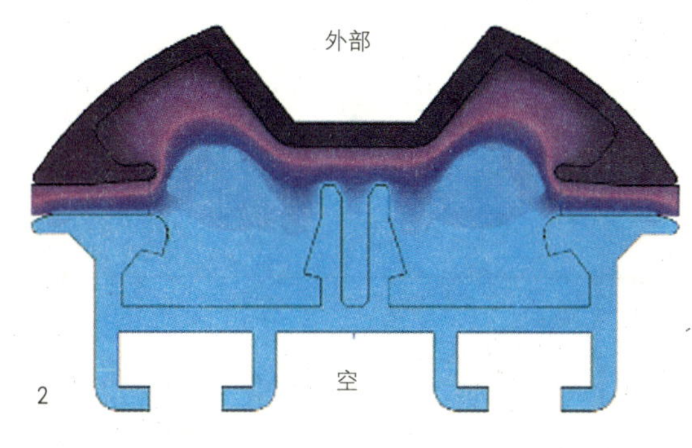

1__透明度：玻璃、ETFE膜材与树脂板的对比

2__隔热型材：气枕的中心和边缘均具有良好的保温性能

度并不均匀，但由于10mm厚的气枕层已能产生良好的保温效果，因而气枕厚度的变化不会对其保温性能产生不利影响。镶嵌在气枕密封条内的三元乙丙橡胶（EPDM）垫圈扮演着重要角色。它除了有利于缓解结构在气枕边缘产生的应力，同时也可有效防止热量从铝制密封条处散失，从而避免冷桥的出现。

透明气枕内热量传递的过程是十分复杂的，包含了众多物理学现象：传导、对流、辐射、表面发射率以及热能损失。这些参数与气枕的密封性以及是否采用遮阳设施有直接关系。各参数间彼此制约，影响结构的整体性能。ETFE材料本身也是良好的保温材料。在寒冷的天气里，即便是U值（导热系数）相同的情况下，由气枕围合的环境舒适度也要优于玻璃，因为气枕内层膜的温度要比双层玻璃内层更接近室温。通过控制气枕膜面层数，也可达到控制围护系统U值的目的：双层气枕的导热系数大约为2.94W/($m^2 \cdot K$)（瓦每平方米开氏温度），当膜面增至5层后，U值可降低至1.18W/($m^2 \cdot K$)。非充气的气枕，U值将上升0.35W/($m^2 \cdot K$)。总体来说，ETFE气枕无论是材料表面还是密封边缘都较密封玻璃有更好的保温性能。

ETFE气枕的每一层膜面都可单独定制。为了使膜材能在更大范围内使用，通过在某些层或逐层膜面添加化学着色剂，或是在膜材表面印刷图案的方式，可控制膜面辐射量达到遮阳的效果。同样，印刷图案也被用来减小材料表面的辐射系数，或是材料本身吸收和／或辐射能量的能力。目前，也有人在效仿玻璃制造工艺，尝试将金属填充物融入膜材产品中。然而，材料辐射系数对于ETFE气枕整体的保温性影响有限，同密封玻璃不同，体积是影响气枕系统保温性的主导因素。由于厚度很薄，ETFE膜温度基本与周围环境温度保持一致，不像玻璃会随吸收辐射能量的增加而升温，因此，材料自

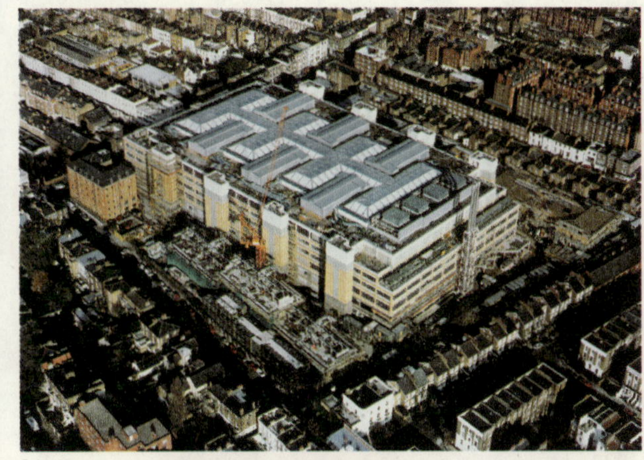

3

4

5

切尔西和威斯敏斯特医院，伦敦
Sheppard Robson，1990
3–5＿在中庭顶棚的早期应用中，ETFE 在被动获取环境效益方面扮演了重要角色

身吸收或辐射能量的能力并不十分关键。除了在材料上进行的能量交换，由于气体泄漏造成的能量损失同样可忽略不计，因为气枕式膜结构连接构件可有效避免空气的外泄，同时构件数量原本就较少。由此产生的节能效益相当于玻璃的 3 ~ 4 倍。

这些承压气枕同早期的气承式结构不同，并非是依靠气锁的控制维持结构的稳定。ETFE 充气式膜结构可像传统建筑结构一样，通过百叶窗的设置达到自然通风。采用了 ETFE 膜材顶棚的切尔西和威斯敏斯特医院（Chelsea and Westminster Hospital）于 20 年前设计建造，顶棚的设计不仅大大减少了外墙面积，同时利用太阳辐射及通风口的开合保证了建筑升温或散热的需求。这种被动式保温、通风方式将能源消耗降至最低。同时可降低使用过程中对机械系统的依赖。与先前的封闭式结构不同，由于 ETFE 气枕可承受巨大挠度，因此大的通风口和传统的移动结构都可以应用在气体体系中。在杜伊斯堡的迈德里奇剧院中，顶棚通过铰链传动开合，从而实现了环境从室内向室外的转变。

声音

ETFE 气枕是由轻薄的膜材组成，这种以微米作为厚度计量单位的围护结构，其质量通常可忽略不计。同它在结构上体现出的柔性属性一样，在声音处理上，尤其是针对低频音的处理，ETFE 气枕同样具有阻尼效应。从声学角度分析，由于气枕可以吸收环境内部噪声，因此同玻璃等硬性材料相比，膜材创造的室内听觉环境将更加舒适。同时，在结构中安装共振器还可避免环境中产生刺耳的中、高频率声音。通过调节安置在 ETFE 气枕式膜结构底部气枕下充气管道的充气量，同样可达到选择性吸收不同频率声音的目的。[4]

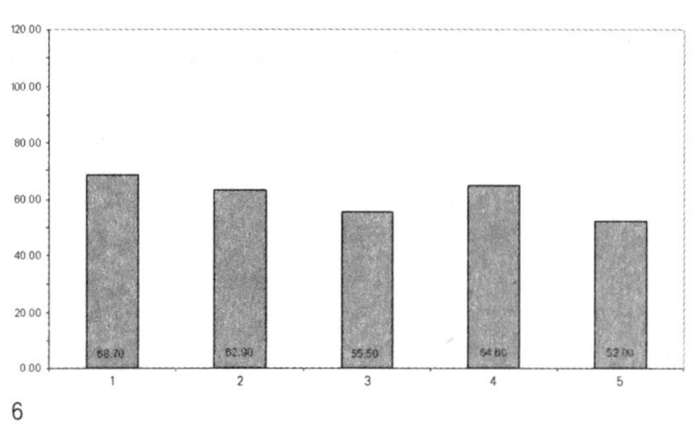

6

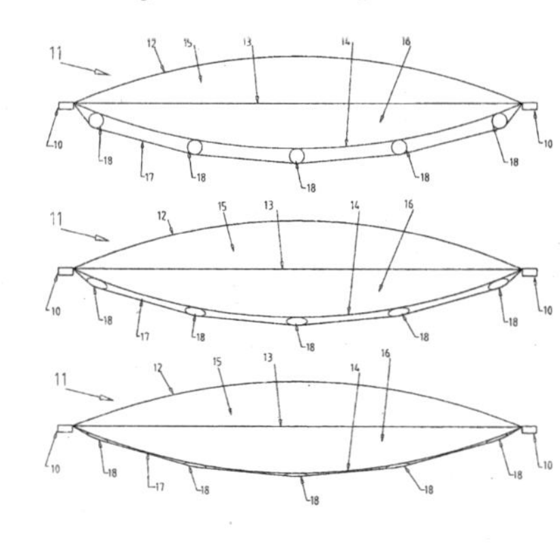

7

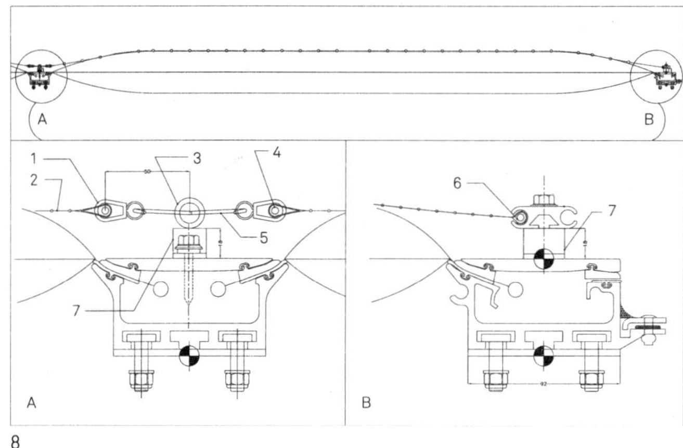

8

6__ 暴雨下，经过消声处理后的噪声强度

1 ETFE

2 ETFE RS1

3 ETFE RS2

4 25mm 树脂板

5 双层玻璃

7__ 为了加强 ETFE 气枕的隔声效果，可将内层膜面替换成微孔面层，依据不同的噪声强度，调节面层内充气量

8__ 可通过在外层膜面设置镂空织网降低雨水的噪声。镂空织网的细部

1 吊扣

2 镂空织网

3 螺栓支架

4 玻璃纤维杆

5 直径 3mm 尼龙绳

6 防脱绳

7 托架

同结构室内出色的声学性能相比，ETFE 气枕对于产生于室外环境的噪声却显得有些无能为力。例如暴雨情况下，气枕会将雨水冲击膜面的噪声完全传递到室内。虽然这种对于天气变化具有可识别性的声响在中庭、休闲购物中心等建筑环境中被认为是积极的，但对于办公室或图书馆等需要安静环境的场所来说，就非常需要一套能有效抑制雨水噪声的装置。目前，主要处理手段是在气枕外铺一层镂空编织网，通过织网引流，在膜面上形成一层薄薄的水层。[5] 这样既可以增加膜面质量、降低振动幅度，又可以缓解雨滴与膜面发生直接撞击。

建筑改造

由于 ETFE 气枕式膜结构自重轻，对原有结构破坏小，因此越来越多的历史建筑改扩建项目开始倾向采用这种轻质结构。建于 1917 年的英国财政部大楼（Her Majesty's Treasury in London）是一座历史性建筑。鳞次栉比的办公室布局和狭长的走廊已经难以满足现代化的办公需求，改扩建工程于 2002 完工，工作重点一是打通原有隔墙，形成开放式办公区；二是将自然通风和天井采光引入到公共活动区内。利用 5 层楼之间的空隙，并在上面加建由 3 层膜构成 ETFE 气枕顶棚，形成了一个新的入口大厅、一座员工培训中心、一个图书馆以及一间咖啡厅。得益于这些改变，建筑间协同办公的效率明显增加。目前，财政部正着手扩建建筑余下的部分，力求为所有行政部门提供优越的办公环境。

封闭采光天井的设置，除了激活原有空间使用价值外，在节能环保领域也有着突出贡献。由于外墙面积减少，建筑耗能也随之降低。通过清洗外饰面上的波特兰石材及白色玻璃砖，大量阳光被反射进室内。出于战备防卫需求，原有 1800 扇窗户均装有防爆窗帘，拆除后自然

9

10

Kapuzinercarrée，亚琛
Ingenhoven Overdiek + Oartner，2002
9–10＿取代玻璃的 ETFE 气枕，在扩建项目中对原历史性建筑所施加的负载大大减小，同时增加了原建筑的环境效能

光的射入使室内光环境得到明显改善。同时采光天井还充当着烟囱的作用。当窗户打开时，新鲜空气在气压的作用下被抽入室内，废气则经由天井上的排气孔排出。ETFE 膜顶是产生热压差、推动室内气体交换的原动力。在节能环保方面，该建筑已经完全达到了英国节能标准，事实证明，通过合理技术化改造，历史建筑同样可以贯彻可持续发展理念。

城市再生

ETFE 气枕式膜结构在环境效益上的影响同样扩展到了城市建设领域。墨尔本的南十字车站（Southern Cross Station in Melbourne）于 2006 年建造完成。作为该地区惟一一座联系区域与国家间的铁路交通枢纽，南十字车站改造自然成为墨尔本地区的重点工程。告别了原有车站破败的形象，新的车站因其别具匠心的顶棚造型，迅速成为这座城市的地标性建筑。通过商业与办公区的引入，该项目还意在唤起人们对于中心商务区边缘旧工厂区的重视。

改建之初，应客户要求该站站棚设计必须具有生态化理念。除了用作火车通行的开口外，车站四周均为巨型玻璃幕墙。在澳大利亚炎热的气候条件下，3.7 万 m^2 的巨大站棚无疑为整个街区提供了一个城市尺度的遮阳顶棚。站棚结构并不对称，造型灵感来源于连绵起伏的沙丘。凸起的区域聚积了热空气、烟雾，还有来自火车排放的尾气，自然通风会透过百叶将顶部的废气排走。同时新鲜的空气经由站棚的凹处注入站台，以确保全年都有有效的自然通风。[6] 因而昂贵的机械送风系统显得没有必要。

站棚结构是由 356mm 直径钢管焊接的双向不规则网架构成。为了适应结构曲率变化，虽然钢管直径保持不变，但管壁厚度却不尽相同。整个网架坐落在起伏的三角形桁架上，桁架由

11

12

13

14

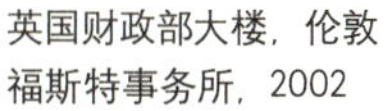

英国财政部大楼，伦敦
福斯特事务所，2002
11—14__ETFE 顶棚在营造舒适的办公环境同时保留了中厅内原有充足的自然光线。更重要的是，它引发了英国政府办公建筑改造的一轮热潮

15

16

17

英国国家美术馆，伦敦

Purcell Miller Triton，2003

15–17＿在艺术馆原天窗之上，ETFE 提供了第二层维护表皮，它兼顾了轻质、透明、防水、隔热等特点

18

19

20

Jean-Paul Gaultier 总部，巴黎
Alain Moatti + Henri Rivière，2004
18–20__ 取代玻璃顶棚的 ETFE 气枕使人容易产生一种直接与天空对话的感觉

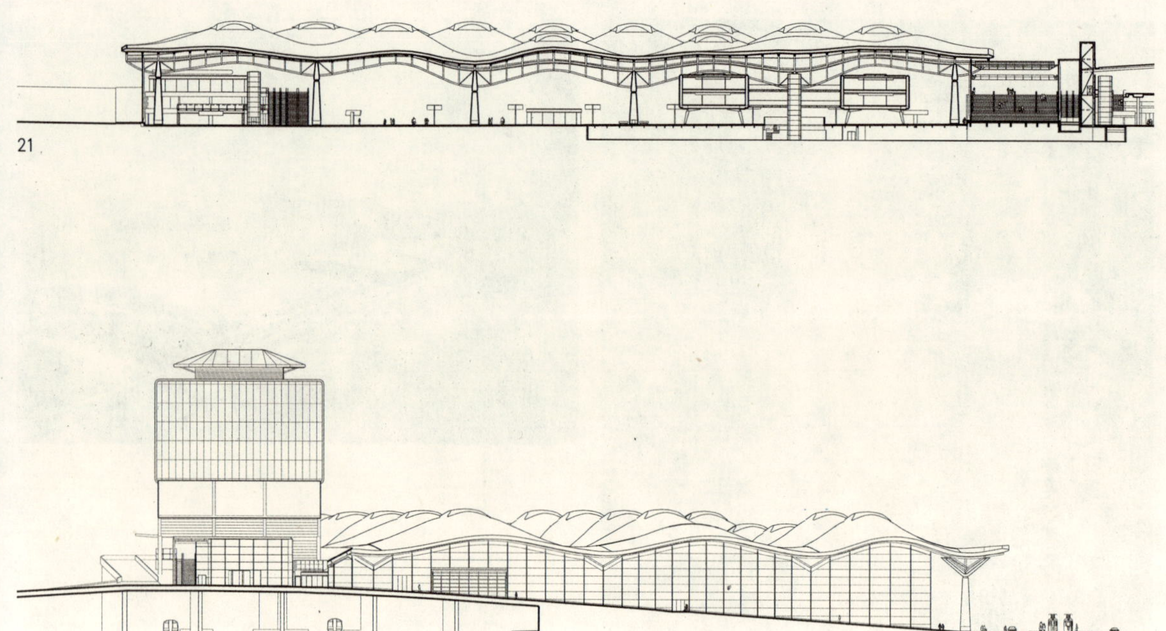

南十字火车站，墨尔本
格雷姆肖事务所，2006
21__ 纵轴剖面
22__ 立面

巨大的预制Y形钢柱支撑，柱间跨距达40m。桁架顶部宽8m，高度由Y形钢柱顶处的4m逐渐缩小至跨中的2m。连接桁架与顶棚的四边形网架，通过隐蔽在顶棚内部的斜拉钢筋进行加固，结构间因此留有的空隙便可作为自然通风的风道。

为了消除结构过于庞大的体积感，几条由ETFE气枕组成的采光带被设置在桁架之上。选择ETFE气枕式膜结构，是由于它无需过多的支撑便可塑造出复杂的几何形状。如同过山车式的天窗是由5m宽、20m长的ETFE气枕排列而成。气枕连接缝设置在结构低点，既可以减少气枕的弯曲弧度，又利于排水，避免积水状况的出现。与玻璃不同，ETFE气枕无需强有力的支撑结构和复杂的连接构件，由双层膜构成的气枕不仅减少了结构负荷，同时也为室内带来了更高透明度和照度。这些天窗作为站棚上的视觉轴线，还有利于站内乘客快速辨别方向。作为一种柔性结构，对于温度变化、风荷载以及列车进出产生的巨大气流，ETFE气枕式膜结构均可通过气枕的压缩膨胀做到顺势应变。

2006年竣工的新加坡的克拉克码头(Clarke Quay in Singapore)，是ETFE气枕式膜结构对于城市建设产生积极影响的另一代表作。码头位于新加坡河畔城市滨水区内的河谷路与李德路交汇处，岸边是殖民时期留下的坡顶建筑，现已改造为商店或餐馆。原本露天的街道广场，现已加盖了供行人遮阳避雨的ETFE膜结构伞篷。每个直径24m的伞篷都是由220mm直径钢管组成的格构柱支撑。每个柱顶都安装了一系列铰接短柱，与顶部的锥形索网一同将放射形伞篷骨架悬吊起来。街道上的伞篷高度为18m，广场上为24m，保证了广场大空间内部通风。

ETFE气枕采用双层印制膜，因此伞篷可形

25

23 24

26

23–24__ 无需机械系统的帮助，"沙丘" 状起伏的站棚可将自然风直接引入到站台内部

25–26__ 支撑 ETFE 站棚的曲形钢梁沿横纵两轴交叉排列

27

28

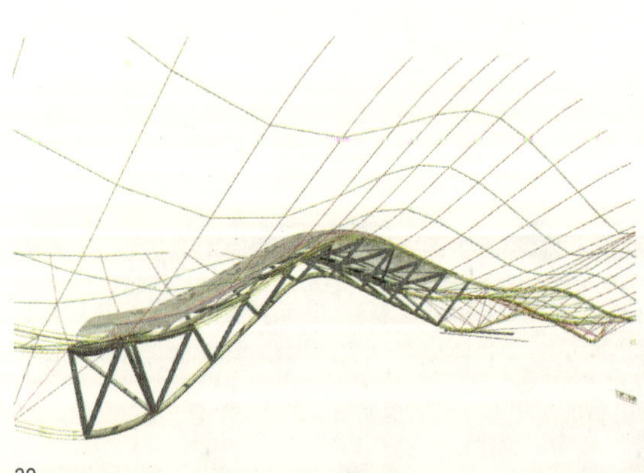

29

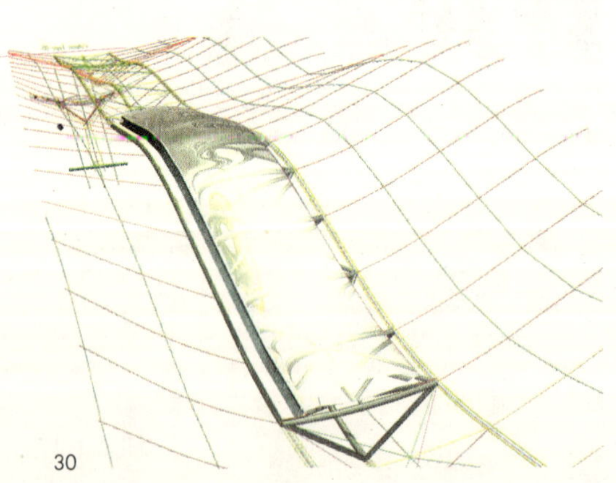

30

27–30__ 带状气枕将周边形体与应力有机地组合到一起

31

32

穹顶结构
顶棚支撑结构
螺旋形柱上部
螺旋形柱中部
螺旋形柱下部
穹顶结构
顶棚结构
顶棚支撑结构
螺旋形柱

33

克拉克码头，新加坡
Alsop Architects，2006
31–32＿如同 19 世纪的拱廊，ETFE 伞篷覆盖了整个城市街道
33＿伞篷结构构件

成斑驳的光影效果。印刷图案取自新加坡常见的雨树树叶，图案密度在街道和广场上分别为 60% 和 80%。白色纤维布包裹的人工送风装置被垂直安装在格构柱内。为了确保该装置能更有效的工作，在每个伞篷的外围都环绕着一圈单层 ETFE 膜。这层结构不是由气枕构成，而是与传统张拉膜结构更为相似，通过不锈钢杆件张拉形成扇形边缘。这层薄薄的边缘使整个伞篷看起来更加轻盈。同时，雨水会经由这层薄膜下落至周围建筑顶棚上排向地面；伞篷上的降水则是通过气枕间的连接缝导流，由固定在格构柱内的落水管排走。

伞篷下树木产生的树荫与广场喷泉水雾的蒸发进一步降低了伞篷下的温度。主、被动降温方式的结合最终使伞篷下比周边环境低 3 ~ 5℃。遮阳与通风设施相互补充，最终形成凉爽舒适的休闲小环境。夜晚，安装在顶部的照明灯将整座伞篷照亮。这些功能实用、造型活泼的伞篷，在改变一个地区城市面貌的同时，也将热闹舒适的户外休闲环境重新带回城市。

环境改造

在香港愉景湾学校（Discovery Bay School），膜材伞篷再次被用来营造舒适的外部环境。该校是一所英属私立学校，位于大屿山南侧，目前有 1400 名 5 ~ 19 岁的青少年在此就读。校舍平面呈 U 形布局，由东至西逐渐 3 层上升至 7 层，中间围合一座露天庭院，作为师生交流活动的中心。教室和管理用房被安置在校舍相对较低的北翼，图书馆、剧院、体育馆和游泳池这些在教学时间以外对公众开放的场所则位于校舍的南翼。为了尽量减少南向热量进入，南侧墙面较为封闭，北侧墙面需开大面积的玻璃窗来采光。通风廊道将整个建筑切成大小不同的几部分。

34

35

34—35＿ 双层印制 ETFE 气枕为街道起到遮阳避雨的作用，同时格构柱内的送风装置还将鼓入习习凉风

在香港，学校建筑底层普遍架空，用以建造供师生活动的风雨操场，而愉景湾学校则将活动场地设置在屋顶平台上。它的每一屋顶平台都有伞篷覆盖，室内空间与活动平台连接非常方便，这一点较原有方式有了很大进步。活动平台处在 ETFE 顶棚的庇护之下，减少了太阳辐射，同时中庭可利用热压形成自然通风。曲线形屋顶网架和枝丫状钢组成了整个伞篷结构，荷载经由支撑钢柱传至南北两侧的混凝土柱上。平台上伞篷膜面印有遮阳图案，而中庭上空的气枕全部透明，以此确保白天底层教室也可得到充足光照。同建筑的高低走势相同，伞篷在阻挡东风西进的过程中，将自然通风顺利引入到中庭中。冷空气一方面降低了中庭的温度，另一方面通过外墙上打开的窗户吹入室内，形成了室内自然风。因膜面上印有遮阳图案，露天游泳池和屋顶露台与未安装遮阳伞篷的情况相比，温度降低了 6℃。在香港炎热而潮湿的气候条件下，习习凉风无疑极大提高了环境的舒适度。ETFE 气枕式膜结构伞篷除了减少室内空间对于机械冷却系统的依赖，同时也延长了屋顶平台及中庭的使用时间。

奥运目标

同伊甸园工程一样，2008 年北京奥运会国家游泳中心（National Aquatics Center in Beijing）同样采用 ETFE 气枕式膜结构作为建筑围护结构。该建筑双向跨度 177m，被人们昵称为“水立方”。结构造型的灵感源于连续堆积的气泡。工程师阿勒普同爱尔兰的费伦和威尔两位教授，在分析了 19 世纪物理学家凯文和普莱托对肥皂泡几何形态研究的基础上，通过海水泡沫影像真实模拟出结构体的形态。

气泡形态由 2 万 2 千根钢梁、1 万 2 千个节点构成，结构体十分复杂，大小荷载多达 190

36

37

38

36–37__ 遮阳、蒸腾以及人工送风三种方式共同营造出凉爽舒适的微气候环境
38__ 夜晚，灯光将赋予伞篷纷繁的光影效果

39

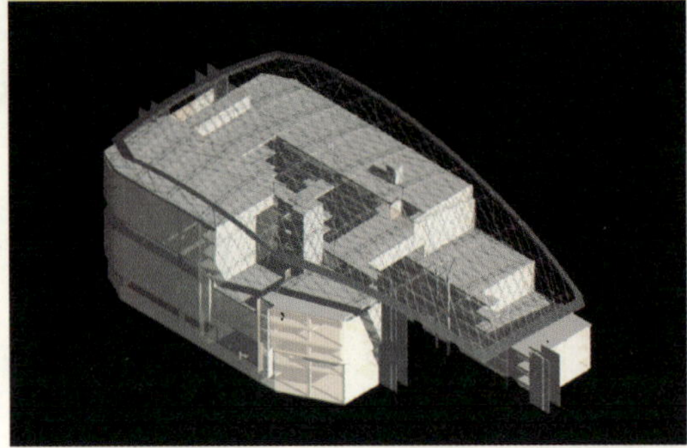
40

41

愉景湾学校，香港
联合设计事务所，2007
39–41__ETFE 顶棚遮阳的同时也将自然风引入其中，减少了空调设备的使用，屋顶、中庭等消极空间也被利用起来

42

43

44

Living 2000, 汉诺威

Willen Associates Architekten, 2000

42–44＿由于多处采用 ETFE 顶棚制造微气候环境，该住宅楼耗能明显降低，从而也促进了 ETFE 技术在住宅建筑中的应用

45

国家游泳中心，北京
PTW（澳大利亚）+ 中建国际深圳设计院，2008
45__水立方的设计构思来源于水，在这座水源稀缺的城市，水立方力求实现高标准的环境效益

多种。不规则空间网架完全是由直径从 168 ~ 610mm 不等的钢管焊接而成。钢结构的韧性及膜结构的可塑性最终解决了结构在抗震方面的要求。整个空间网架顶部高 7.2m，墙体厚 3.6m，均由两层独立的 ETFE 气枕式膜结构组成。墙体上每个独立的气枕采用 3 层 ETFE 膜，顶棚膜则为 4 层。因此双层结构的膜面层数可达 6 ~ 8 层，提供了极好的保温隔热性。U 值（导热系数）现为 0.6W/（m^2 · K），并有望进一步减少到 0.35W/（m^2 · K）。水立方 ETFE 膜材用量将近 100t，相当于伊甸园工程用量的 3 倍。

为了最终实现气泡式造型，外墙和顶棚分别由 13 种和 7 种形状各异的气枕组成，以 20m × 40m 的组合模数排列。为了适应立方体整体造型，边缘气枕被切割成非模数化的衍生形状。形体走向、膜面层数、膜材颜色与厚度以及遮阳镀点的分布不尽相同。出于造型及受力两方面的考虑，水立方所有气枕膜面曲率均为 15%，高于气枕常见曲率范围。由于位置不同，每一个气枕依据具体位置都经过专门设计以应对特定的压力条件，因此 3500 个气枕体积范围从 1m × 2m 到 8m × 11m 大小不等，每一个气枕都可谓是独一无二的。整个水立方颜色来自外侧膜面的色彩，其余层膜面均为无色透明。膜面上分布着密度从 10% ~ 60% 不等的镀点，以适应室内对不同遮阳效果的需求。此外，镀点分布也考虑了突出结构美感。通过降低墙体、屋顶交界处镀点密度使结构体更加清晰地展现出来。

水立方在完美诠释水泡这一形象特点的同时，也注重高科技环保技术的引入。在北京这座人口稠密的城市，水是一种宝贵的紧缺资源，水立方顶棚及周边环境都设有雨水回收装置，80% 的雨水被回收作为泳池用水。另一方面，透明的结构体可保障白天有充足的自然光射入，节约一半的人工照明费用。同时气枕还可充当吸声器的作用，明显缓解游泳馆室内的噪声。

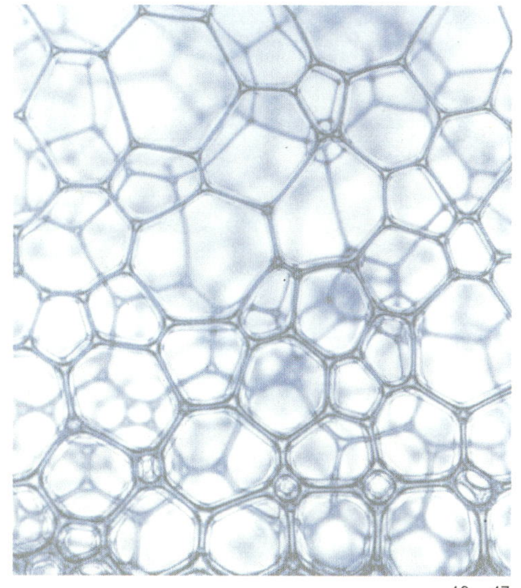

46 47

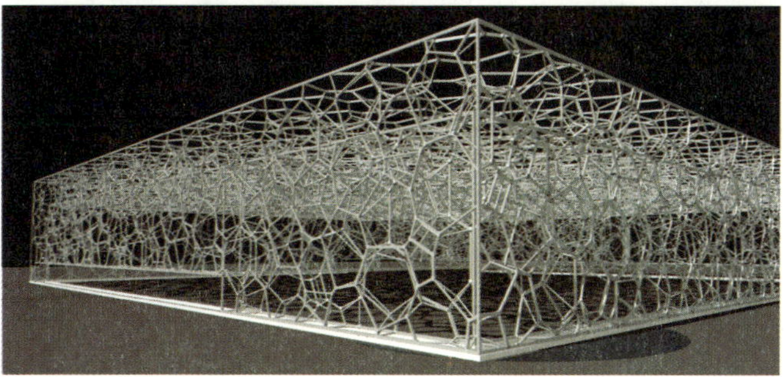

48

49

46–49__ 不同形态的多面体组合构成建筑的主体结构

50

51

50–51＿由 13 个不同形态气枕组成的单元体在 20m×40m 的模数下循环叠加，形成最终的墙面形态。夏天，阳光和自然风均被带到室内；冬天，池水和结构将被太阳能直接加热

52

53

54

52–54＿3500 个气枕形态各异，每一个在墙面上都有特定的位置。气枕的区别在于尺寸、膜面数量、膜面厚度、色彩、图案和焊缝宽度等的不同

此外，双层表皮结构就像是一张蓄热羽绒被，俨然将整个游泳中心变成一座巨大的温室，在被动式太阳能的辐射下，池水加热和室内供暖两项预计将节约 30% 的费用。一年当中针对季节的变化，双层表皮结构将进行三次适应性的调控。春秋时节，双层表皮上的外层气枕通风口被打开，新鲜空气进入到双层气枕间的空腔内，经过太阳加热，再供给场馆内部。夏天，当外部气候变得炎热潮湿，内侧气枕组成的表皮结构随即关闭。冷却水会环绕场馆一周，流经外层表皮上的各个进风口，空气会驻留在结构间的空腔内，逐渐冷却场馆室内温度，温度升高的气体会经由顶部的排气孔重新回到外部环境中。冬天，双层表皮结构都将处于封闭状态，通过减少空气的流动最大限度地提高结构保温性能，甚至是零热损失。同时，为了减少温度的日变化范围和季节性波动，泳池水、混凝土水池以及结构自身都用来充当天然蓄热体，白天蓄热体吸收太阳辐射，晚上则将热量逐渐释放出来。环绕场馆的室外水系同样发挥着重要作用。除了蒸发冷却空气，它就如同环绕在场馆外的护城河，防止人群靠近底部 ETFE 气枕。夜晚，在灯光的映衬下，水面还可起到烘托建筑主体的作用。

为了防止场馆巨大的平顶棚产生积水，设计引入多项安全措施。首先，在每个气枕四周都设有排水槽，雨水经过排水槽导流，汇至间隔 20m 的集水管。其次，与以往气枕充气阀设置不同，“水立方”气枕上的充气阀数量已由一个增至两个。一旦膜面出现破损或其中一个充气阀出现故障，气枕仍可在高压支撑下保持形状。同伊甸园工程相同，结构外层气枕需具备承载高强荷载的能力。气枕间协同承载，形成一个强大的膜结构罩体。

所有 ETFE 气枕均由福伊特克公司在北京组装而成，当地经过培训的专业施工人员要以

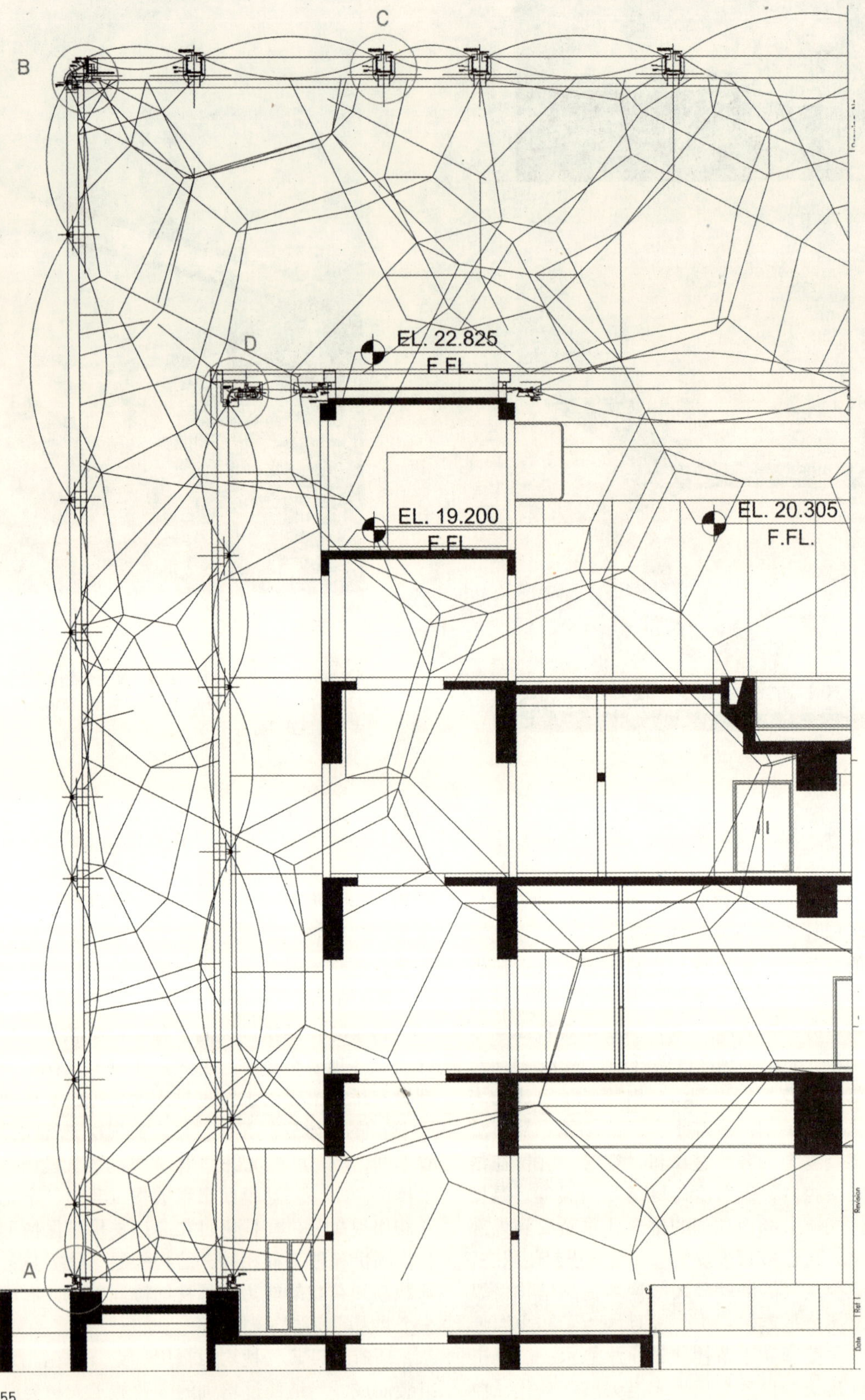

55

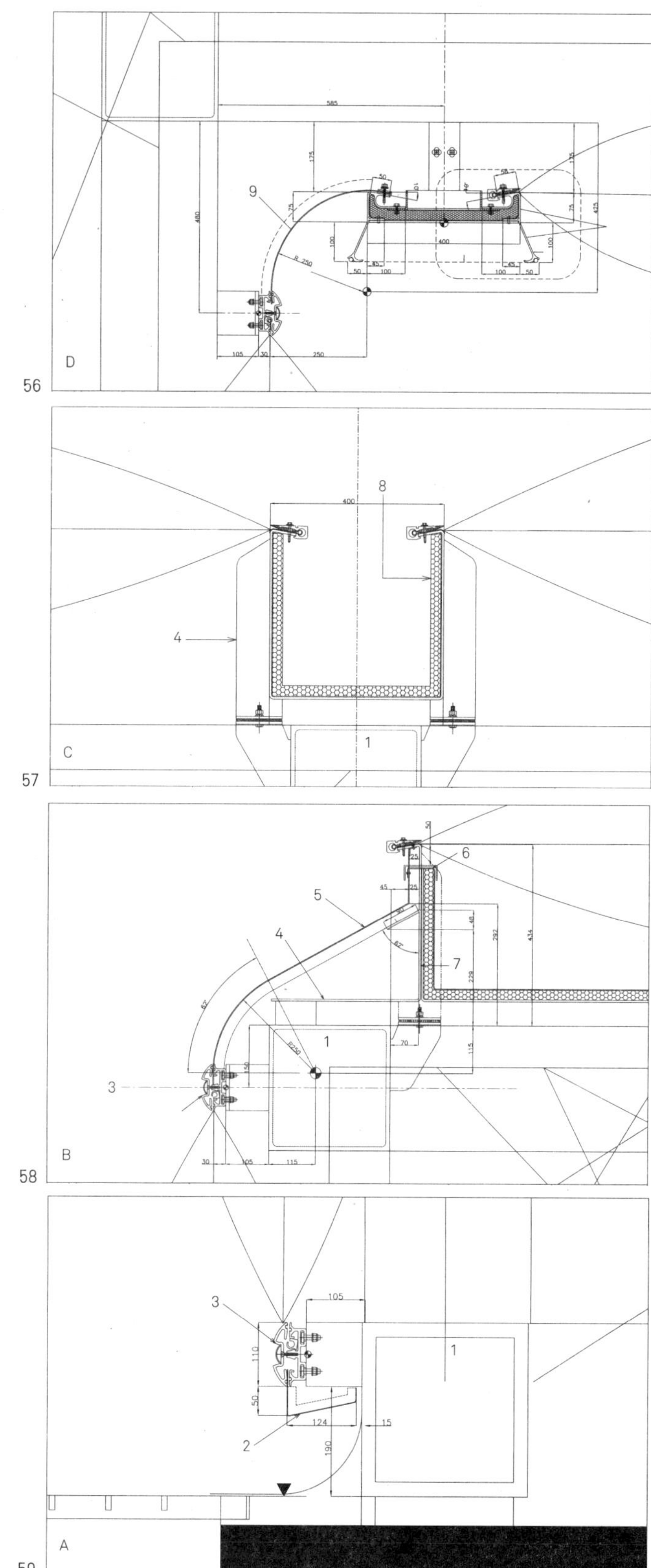

55＿ 为了实现 177m 的跨距，钢结构墙体和屋面的厚度分别达到了 3.6m 和 7.2m。墙体和屋面均由双层膜结构表皮组成

56＿ 内表皮墙体与屋顶连接的细部构造

57＿ 外表皮屋顶细部构造

58＿ 外表皮墙体与屋顶连接的细部构造

59＿ 外表皮墙体与地面连接的细部构造

1 主体钢结构
2 排水沟：间隔 1m 设置 20mm 直径的排水孔
3 防水气枕框
4 钢盖板
5 防水铝板
6 PVC 垫层
7 不锈钢排水沟
8 PVC 防水层
9 铝制防潮板

60

61

60__ 通过透明的膜材可以看到建筑主体结构
61–63__ 建筑内景

每天 1500m^2 的速度生产成品。同样的设计若采用玻璃幕结构，工程预算将增加一倍，同时不利的保温隔热性能也将大大增加后期的维护成本。

ETFE 气枕式膜结构在低能耗、可持续等方面的突出表现，使它正受到越来越多的建筑师的认可，在能源问题日益严重的今天，它为我们营造可持续化发展的新型建筑环境提供了有效途径。巴克敏斯特·富勒与弗雷·奥托有关生态、自然的轻质建筑的构思，正依托先进的材料科学与工程技术逐渐成为现实，那些曾是乌托邦式的理想，如今已随着 ETFE 气枕式膜结构的诞生走入到我们的生活当中。

1__ 该用语引自 Ron Witte 的论文"物质，"《非物质的／超物质的》（哈佛设计学院和 George Braziller，2002），用来形容一种由大量空气构成的硅基底气凝胶。
2__ 在直射光的照射下，1.5%～ 3% 的光线不能穿透材料。
3__Texlon Optic（高光透明的 ETFE 气枕）是福伊特克公司的注册产品。
4__Texlon HH（亥姆霍兹吸附系统）是福伊特克公司的注册产品。
5__Texlon RS（雨水控制系统）是福伊特克公司的注册产品。
6__Rebecca Roke，"Southern Skies，"《建筑评论》（2007 年 2 月）p.58。

62

63

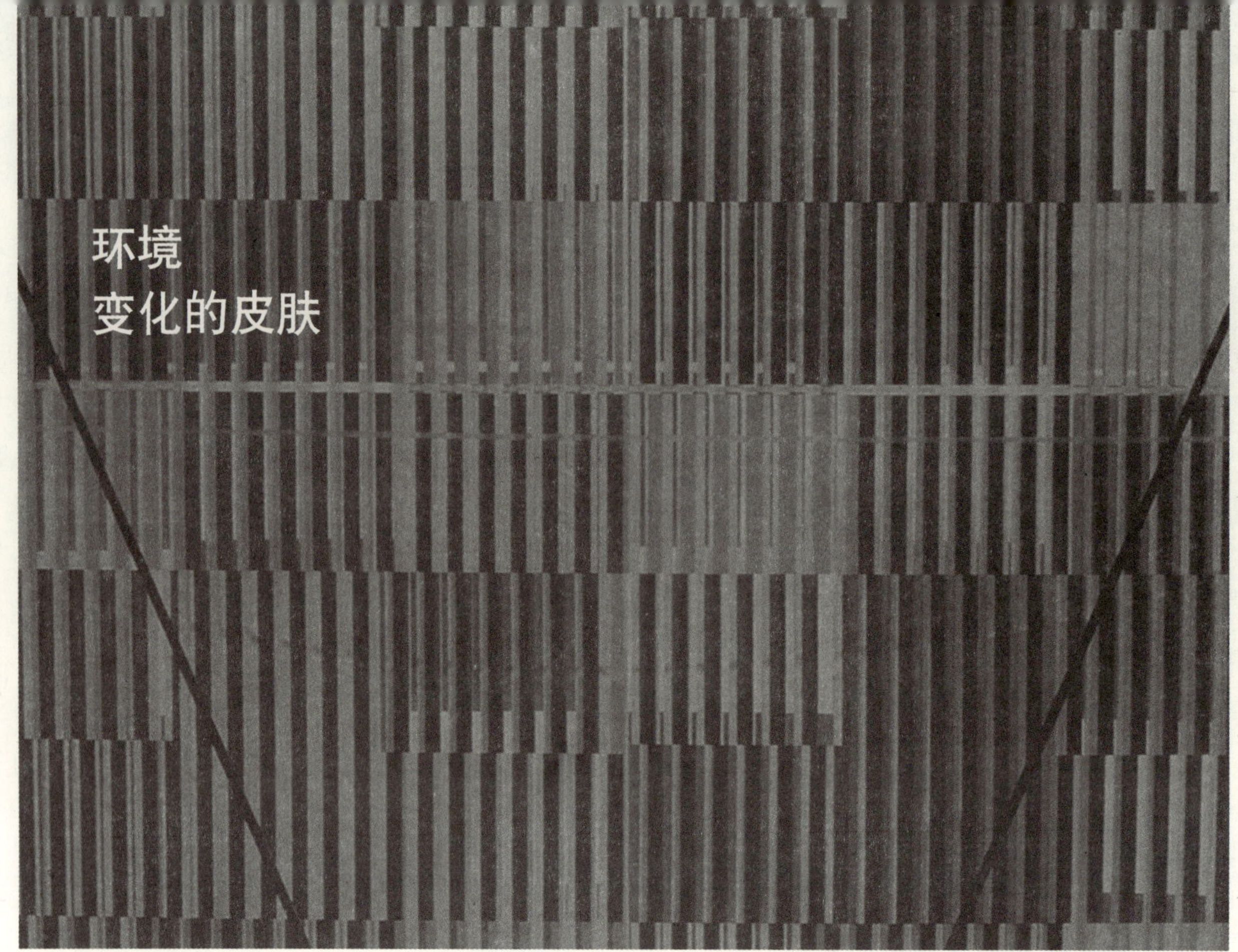

环境
变化的皮肤

ETFE 气枕在膜面层数、印着色及镀点等方面的变化，为设计师适应不同环境的设计提供了保障。材料技术的发展还令围护结构上的异同实现了动态转变。除了有针对性的向气枕内冲入不同压强的气体外，改变膜材自身属性也是实现这种变化的有效途径。

可控材料

1968 年，《建筑设计》杂志刊载的《充气的世界》一文中，首次用“environmongery”形容尼古拉斯·莱恩（Nikolaus Laing）的作品，借指气压之类的软件系统将逐渐取代机械组成的硬件系统。莱恩早期针对充气膜的实验其实就是 ETFE 气枕的原型。通过改变空腔内部压力控制气枕的膨胀与收缩。由于每个空腔都有独立的空气供应，因此通过改变空气供应量和空气腔数目还可改变整个充气膜的保温隔热性能。当完全采用透明的膜面时，空腔的增加就意味着保温隔热性能的提升。此外，在膜面上印刷不同的图案，通过气压调节膜面的相对位置，从而改变阳光的透射率和气枕的外观。

2000 年汉诺威世博会上，为 DSD Duales System 建造的 Cyclebowl in Hanover 成为首个采用可变 ETFE 气枕的建设项目，该公司负责管理整个德国的垃圾分类与回收业务，项目之所以采用 ETFE，是源于材料自身的环保属性可有效传达公司的业务信息。该建筑由茶杯状展厅与螺旋坡道共同组成。顶棚及墙壁均为三层膜的 ETFE 气枕，气枕外侧两层膜面均印有精美的图案。通过程序控制向不同空气腔注入空气实现不同膜面的叠加，最终得以控制外部光线的摄入量。倾斜的屋顶由直径 36m 的单个气枕覆盖而成，通过内外布置索网悬拉。屋顶中部安置一台大型通风机，用来抽排室内空气。此外，喷洒在 ETFE 气枕外表面的回收水，在

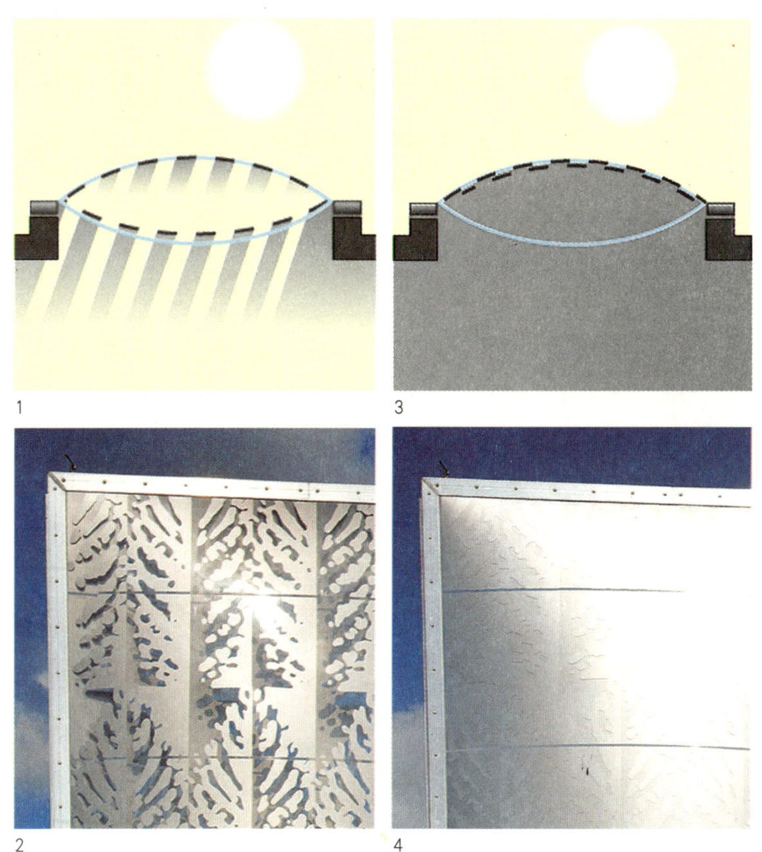

Cyclebowl，汉诺威
Atelier Brückner，2000

1–4__由 2 层以上印制膜面组成的气枕，通过调节不同气腔内的气压，可实现主观调节光线透射率的目的。印制膜面分离（1–2），印制膜面叠加（3–4）

5__2000 年汉诺威世博会 DSD Duales System 的临时展馆，是首个采用可变 ETFE 气枕的实际项目

6

7

8

6–8＿作为展示的一部分，印有树叶图案的墙体和屋顶让人们意识到可变气枕具有的开发潜能
9–12＿螺旋坡道既是展厅也是展品，气枕顶棚由双层索网支撑

9

10

11

12

13

14

15

Festo 技术中心, Esslingen
Jaschek and Partner, 2000
13–15＿ 为了营造大跨度车间良好的采光环境, Festo 从欧洲引进了 ETFE 气枕式膜结构

蒸发过程中也可起到为室内被动制冷的作用。

作为一家专门从事气动机器人制造的企业，费斯托公司在开发可变 ETFE 气枕领域同样实力雄厚，他们不仅生产用于气枕充气的汽缸，其他产品也涉及建筑及工业设计领域。自 2000 年以来，ETFE 技术已成为费斯托公司的企业代表性技术，在德国、法国和匈牙利办事处顶棚或天窗上，均能看到 ETFE 气枕的身影。以德国埃斯林根总部的 3 座中庭为例，通过在膜面上的印刷花纹，使 3 层膜面气枕构成的顶棚达到调节控制阳光射入量的目的。

可变的气压和印刷图案

首个采用可变 ETFE 气枕式膜结构的建设项目是英国伦敦的金斯德尔中学（Kingsdale School in London），该工程于 2004 年竣工。工党自 1997 年执政以来，政府一直在致力于改进教育环境。当时，位于伦敦南部的金斯德尔中学还是一所升学率欠佳的问题学校，基础设施完全停留在 20 世纪中叶的水平。落后、破败的教学环境使该校获得了政府在基础设施建设上的资金支持。

金斯德尔中学改扩建使原有校舍面积扩大 1 倍并增加了大面积的交往空间。原建筑平面呈阿拉伯数字“8”的形状，围合成两个户外中庭。改扩建过程中，两个中庭之间的部分被打通，先前利用率不高的两个庭院最终形成统一大空间，中庭顶棚由 ETFE 气枕覆盖。中庭通过改造容纳了公共活动与交往空间，包括餐厅和一个独立的礼堂，原来设置在地下室的图书馆转移至礼堂下部。与此同时，大面积开敞空间也为全员参与的演出、集会提供了场所。中庭中原有树木一概予以保留。为了保证面向中庭内部视野的开阔，除了在墙面及门板上增加可视窗外，原有处于中间的走廊尽可能改变或减少。

16

17

18

金斯德尔中学，伦敦

de Rijke Marsh Morgan Architects，2004

16__ 先前作为消极空间的庭院，覆盖上 ETFE 膜顶后成为学校社会活动的中心

17–18__ 凸起的顶棚可以集中废气，同时为建造图书馆和礼堂提供空间

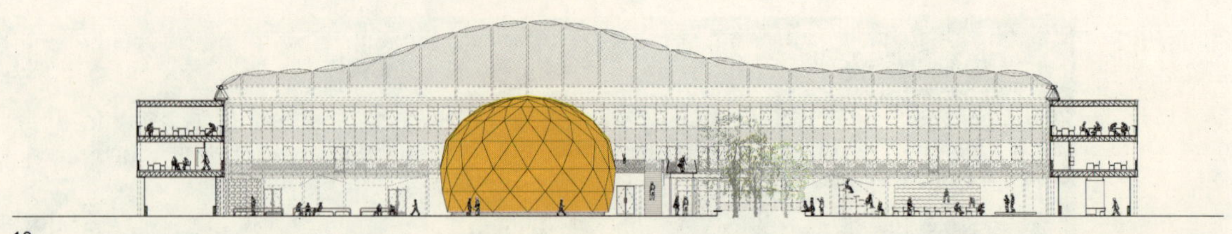
19

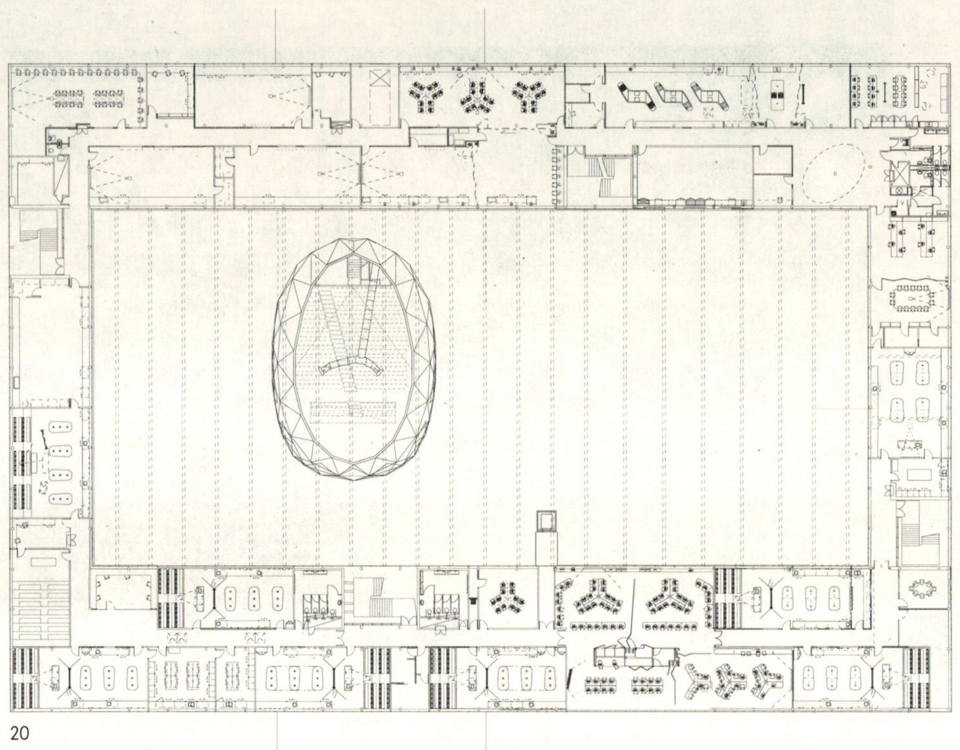
20

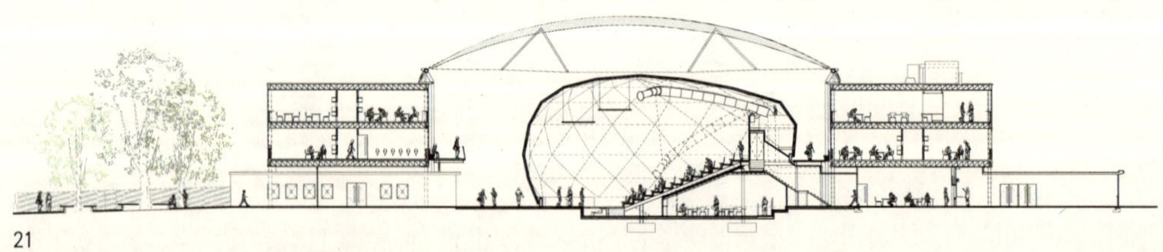
21

19–21__ 纵轴剖面、平面、横轴剖面

22　23

24

25

22–25＿ 菱形桁架将顶棚和既有建筑有机地组合到一起

中庭长边两侧的二层分别加建外廊，并在其间增设一部横跨整个空间的连廊，从而缩短往返中庭两侧的步行距离。

摆脱了原有建筑模数的限制，ETFE 气枕顶棚在长轴剖面上采取了不同高度的非对称形式，顶棚在礼堂上空形成突起，作为火灾中烟雾聚集区域。支撑顶棚的结构开间宽度从 3.5 ~ 4m 不等，在曲率明显加大的部分宽度变窄以适应这种变化。桁架跨度达 36m 的上弦杆由直径 196mm 的钢管构成。菱形桁架圈梁将间距不等的中庭顶棚结构与模数化的原建筑结构结合到一起，并承载所有横向荷载，新建顶棚荷载通过原有柱子传递到原有基础上，节省了可观的工程造价。

主要支撑结构桁架间由一个 38m 长的 ETFE 气枕密封，气枕的外层及中层膜面印有图案，内膜则为全透明。在艺术家 Bridget Riley 作品的启发下，设计团队以支撑桁架网格为原型，将印刷图案设计成类似条形码的形状。每层膜面上的图案不尽相同，银色 FEP（氟化乙丙烯）图案以 1510mm × 1260mm 为模块大小重复。膜面图案排列方式不仅取决于 ETFE 膜材的加工宽度，也取决于印染滚轮的直径。每个模块化图案的四周均留有 15mm 宽的透明区域，横轴方向留白是为了保证膜面彼此之间的焊接，纵轴方向的空白则是因印染滚轮的交替产生。每个气枕有两个气室，各有独立的充气孔，通过中央温控装置调控不同气室内的气压，从而调整气枕中层膜面的位置。当整个顶棚气枕上印有图案的两层膜面分开时，50% 的阳光得以透射到中庭内部，当上述膜面重叠后，光线的透射率仅为 5%。这种设计除了环境控制所需以外，气枕内侧两层膜面会随着人在室内的移动形成不断变化的图案，营造出光影斑驳、生动活泼的室内光环境。在夜晚或是冬季缺少阳光的几个月里，室内照明则完全依赖于悬挂在桁架下的射灯。

该 ETFE 气枕顶棚在改扩建项目努力实现

26

27

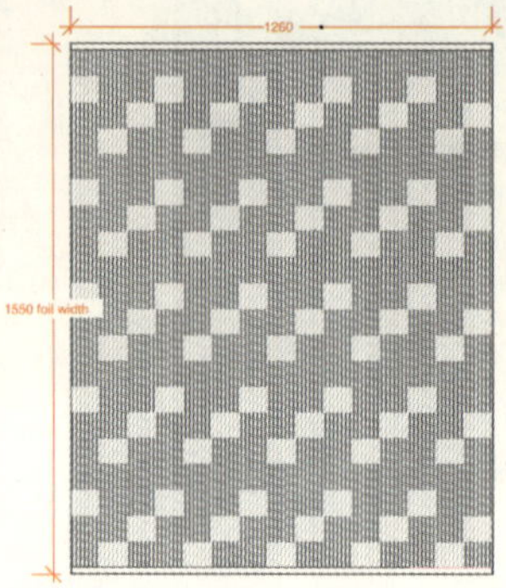

1260

1550 foil width

28

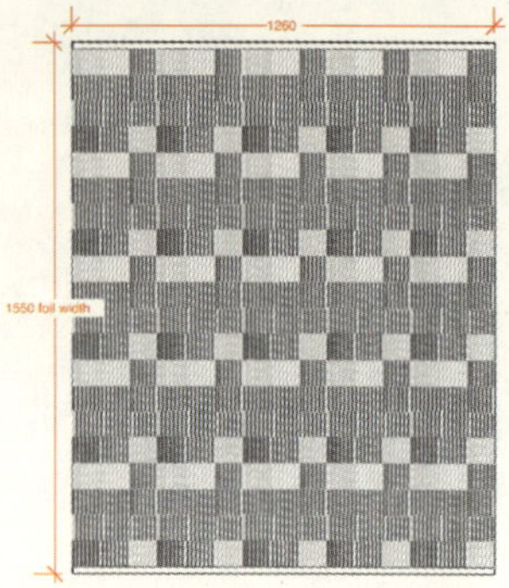

1260

1550 foil width

29

30

26–27__3 层膜气枕外侧的 2 层膜面印有不同图案。当整个顶棚气枕上印有图案的 2 层膜面分开时，50% 的阳光得以透射到中庭内部，当上述膜面重叠后，光线的透射率仅为 5%

28–29__ 外层与中间层膜面图案

30__ 室内透视

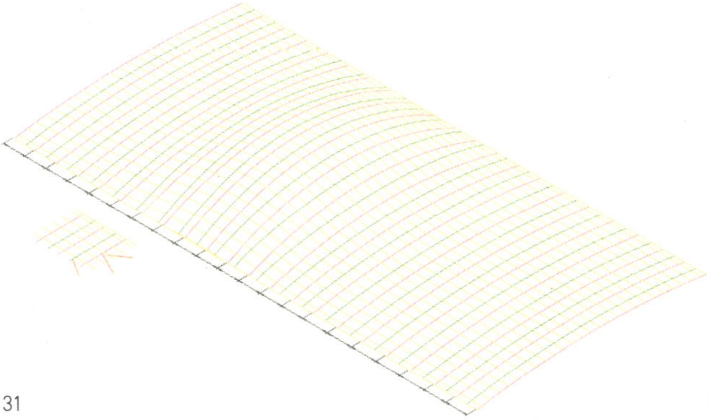

31

32

33

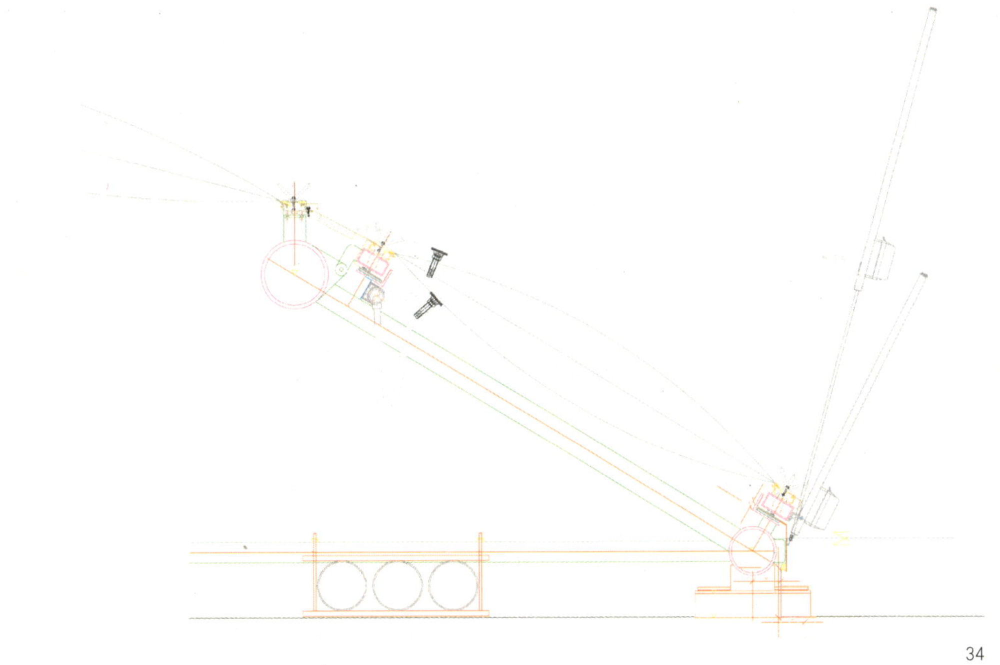

34

31__ 顶棚平面的三维模型

32__ 当内侧膜面图案的光影效果显现出来后，外层膜面上的图案则清晰起来

33__ 天窗打开后自然风得以吹入

34__ 可开启的气枕天窗细部构造

35

设计学院艺术中心，帕萨迪纳
Daly Genik Architects，2004
35__ 加建在既有建筑之上的个性天窗成为在原工业区宣传学校的招牌

零耗能方面具有重要影响。顶棚除了明显减少外墙表面积及热损失以外，在较冷的月份里，它还将使用者和照明灯具产生的热量和被动式太阳能结合，使室内温度明显提高。夏天，重叠后的图案减少了太阳能的获取，在传感器的控制下，气枕在高侧窗位置可以打开，由透明玻璃构成的入口形成自然通风。

项目设计之初，改扩建对于原有建筑的负面影响即被考虑在内。然而实践表明，在可持续性方面新的ETFE气枕顶棚将原有消极空间合理转化，建成后的校舍面积远大于政府对于现有校舍面积的规定。除了正常使用，中庭偶尔也会依据使用者需求临时作为社会活动或是非正式教学的场所。限于设备和技术等条件，建筑本体并不能完全决定金斯德尔中学教学质量，但我们清楚地看到，好的校舍确实提供了良好的教学环境，学生旷课数量减少，学生和教师的自我认同感得到了明显提升。事实表明，建筑改造是明智的，改扩建在节能和可持续性方面的巨大成功则是额外所得。

帕萨迪纳设计学院的艺术中心（Art Center for the College of Design in Pasadena）天窗是美国首个采用可变ETFE气枕的实际项目。该建筑作为学校从半山腰处田园化校区向城市旧工业区扩充的新校区，一期工程于2004年竣工。项目通过在混凝土墙壁局部开口进行采光，将原有依靠送风道管风的建筑最终改造成艺术学院的校舍。原有三个开口形成天窗，为主要交通空间和两间大工作室提供充足的阳光。受预算经费的制约，设计要求加建天窗的重量不能超过因开洞使原有结构减少的重量，以确保结构不承担原质量以外的荷载。

设计团队研究了包括玻璃、塑料、纤维织物在内的多种围护系统。尽管这些材料本身自重轻，但由于其不具有弹性，将对支撑结构产生较大的荷载，因此不能满足要求。相比之下，

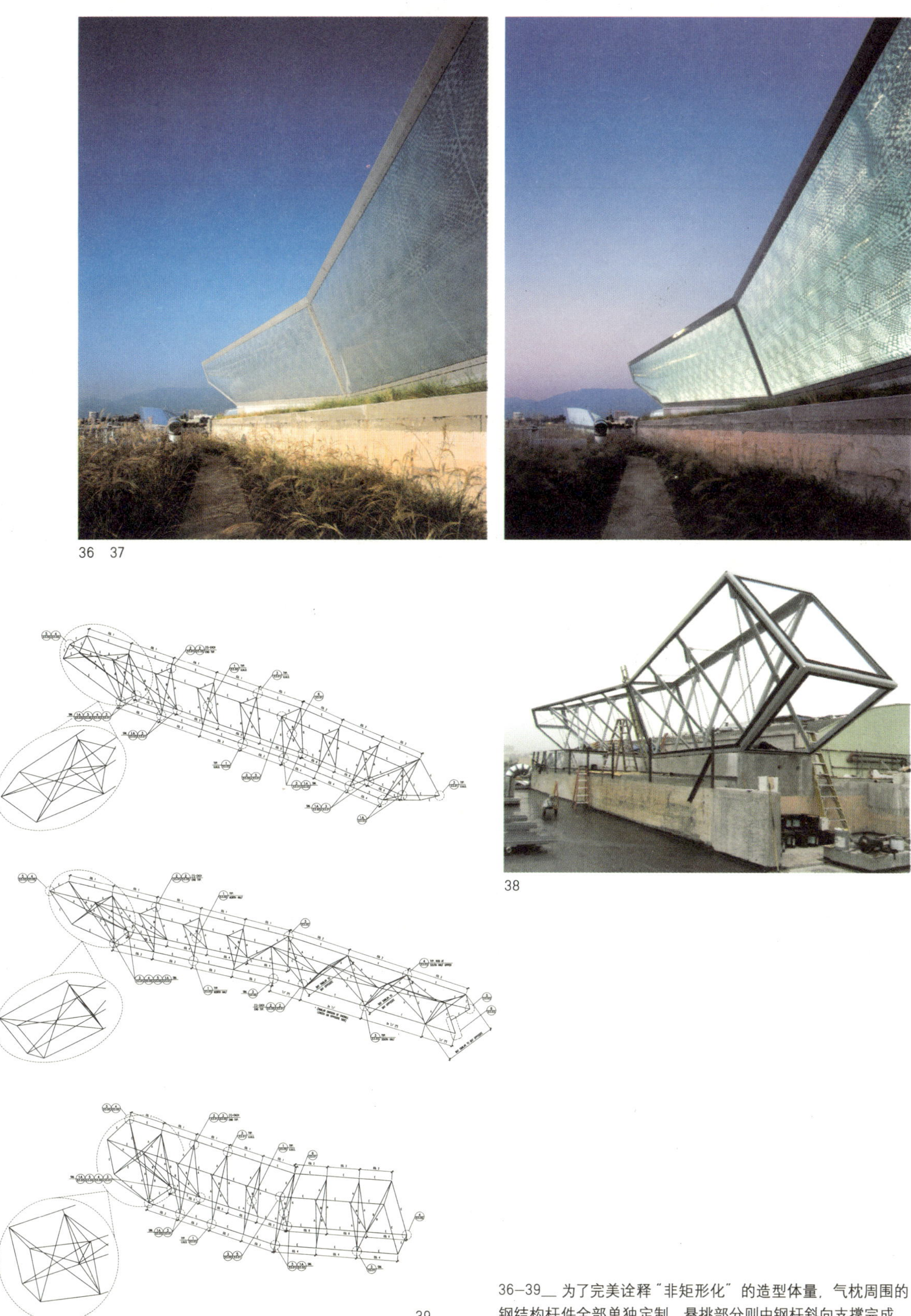

36 37

38

39

36–39__ 为了完美诠释"非矩形化"的造型体量，气枕周围的钢结构杆件全部单独定制，悬挑部分则由钢杆斜向支撑完成

40

41

42

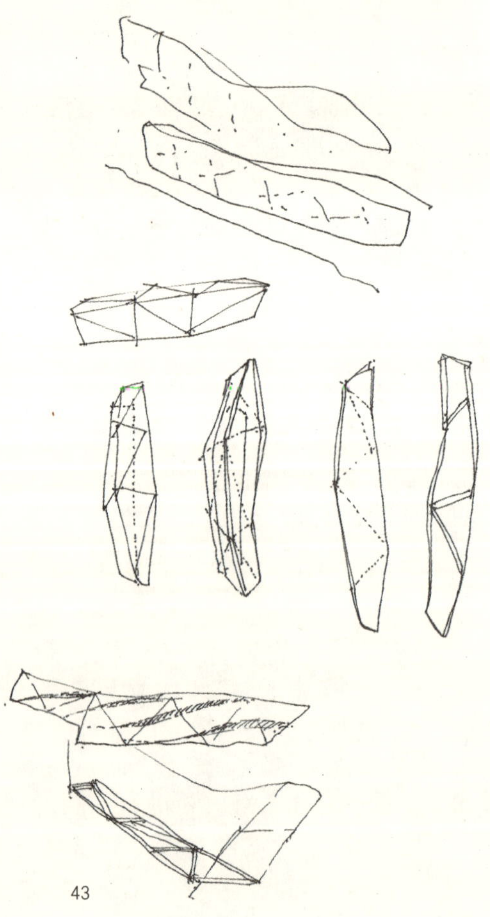
43

44

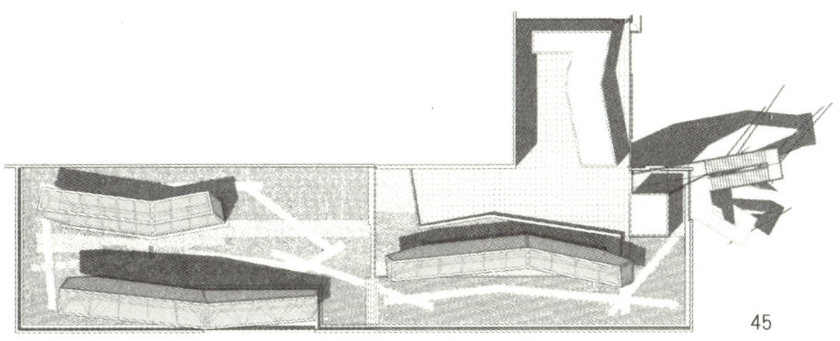

45

40–43__“非矩形化”的天窗
44__ 天窗同时充当着雕刻式景观的作用
45__ 屋顶花园平面

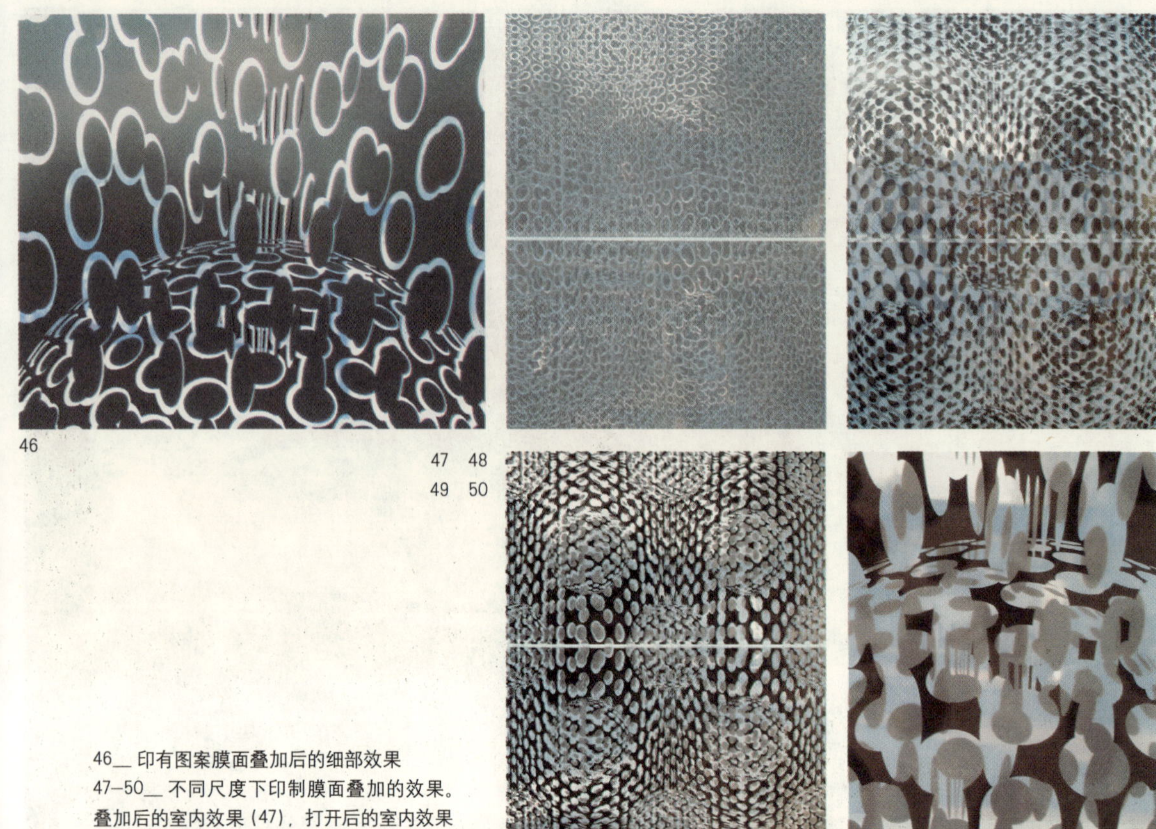

46__ 印有图案膜面叠加后的细部效果
47—50__ 不同尺度下印制膜面叠加的效果。叠加后的室内效果（47），打开后的室内效果（48），打开过程中的室内效果（49），打开过程中的细部效果（50）

ETFE 膜材具有采光和伸缩性方面的双重优势，同时，膜材具有反射能力，并适宜于制成大面积的气枕，这使得天窗钢框架用钢量大大减少。天窗采用非矩形形式，看上去犹如系吊在屋顶上，两端呈现向上弯曲的悬臂造型。[1] 为了争取最大的采光量、取消中间的衔接节点，天窗每个面都由单独的 ETFE 气枕围合。为了完美诠释“非矩形化”的造型体量，钢框架的杆件都由钢板按所需角度特制而成，悬挑部分则由钢杆件斜向支撑完成。

气枕上三层膜所印的图案一方面出于控制室内采光的需求，另一方面综合了结构美学、环境因素以及平面设计几方面的考虑，突出表现学校的艺术氛围。通过与平面艺术家布鲁斯·莫(Bruce Mau) 的合作，图案最终由高尔夫与沙滩排球的形态重叠而成，采用银色的 FEP 印染剂反向印制到外层和中层膜面上。为了保证气枕焊接部分的图案不重叠，每一竖缝两侧膜材的图案各出现一半。通过控制两层气腔内的压力变化，调节中间层膜的位置，使用者便可控制入射室内的光量。当两层印有图案的膜面分开时，入射光量可达 50%；而当两层膜面重叠后，入射光量将降至 20%。与全透明膜材不同，由于光线在透过印有图案的膜材后将发生一系列折射，所以为了达到预期的光影效果，印制膜面在投入使用前要经过数字模拟，并以全尺寸模型进行多次的调整。通过光线感应器和计时器控制气枕内中间层膜面的位置。所有钢结构构件在工厂预制，由卡车运到施工现场，经起重机吊装就位，然后便可快速完成气枕的安装。天窗摆脱原有混凝土建筑沉重的形象，尤为重要的是，它在自然采光及太阳能利用方面成为典范。除此以外，雕塑般的形式成为一道景观，受到大家的欣赏。夜色中，发光的天窗不仅显著的标示出学校的位置，同时也仿佛在昭示着前工业区新一轮振兴的到来。

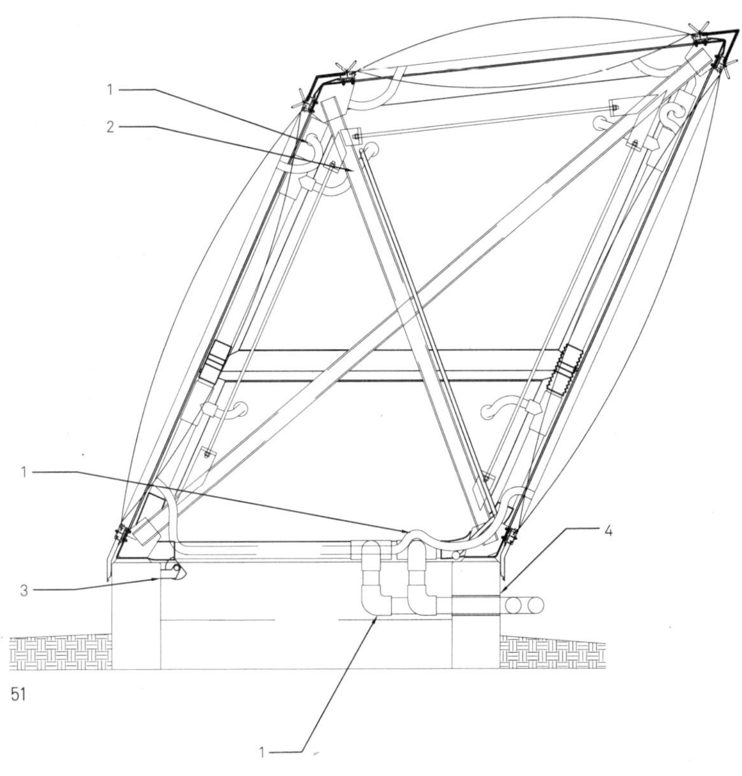

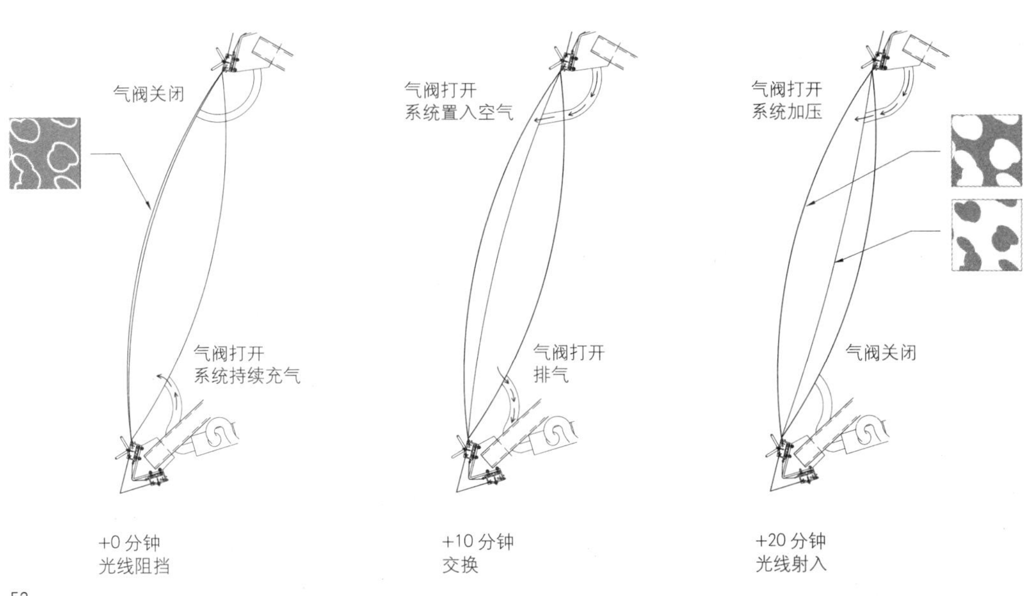

51__ 横截面

1 充气管道

2 支撑结构

3 照明灯槽

4 混凝土结构

52__ 中间层膜面的移动

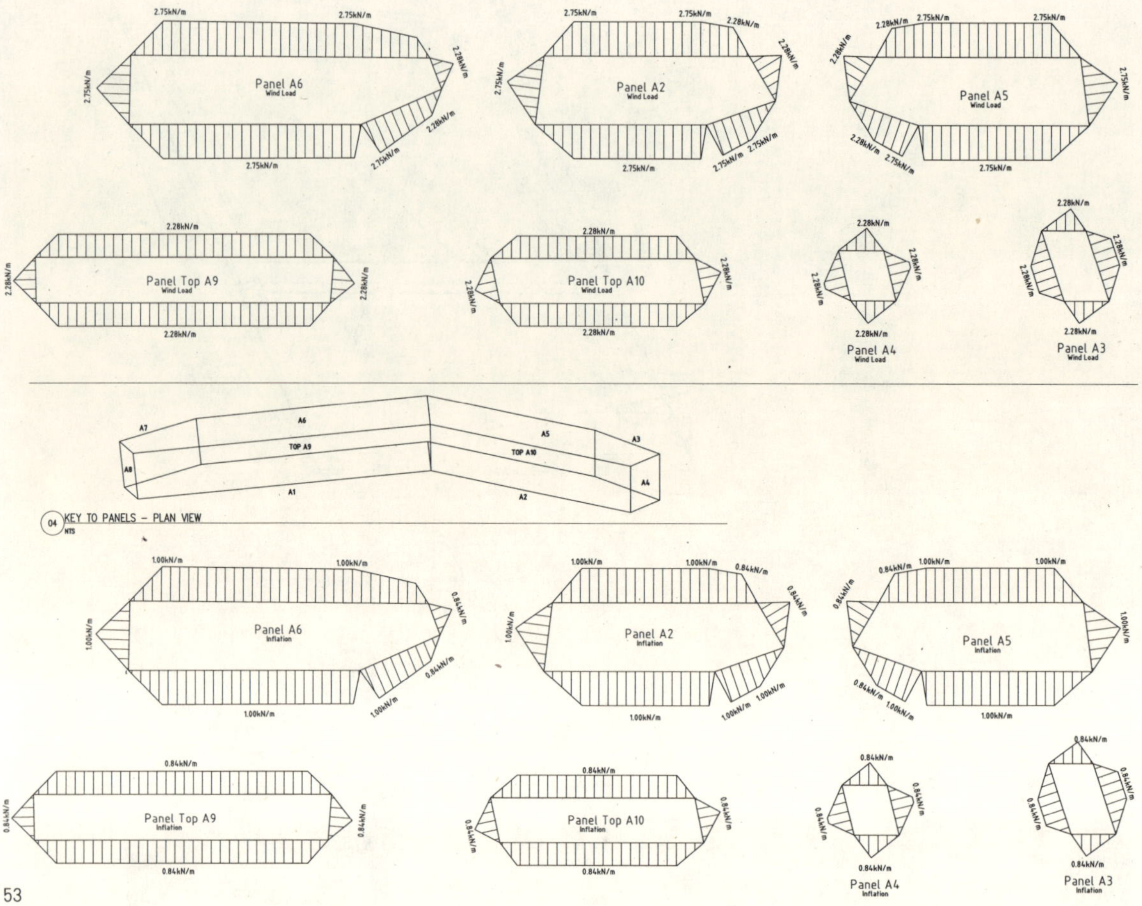

Panel A6
Wind Load
2.75kN/m 2.75kN/m 2.28kN/m 2.28kN/m 2.75kN/m 2.75kN/m 2.75kN/m

Panel A2
Wind Load
2.75kN/m 2.75kN/m 2.28kN/m 2.28kN/m 2.75kN/m 2.75kN/m 2.75kN/m

Panel A5
Wind Load
2.28kN/m 2.75kN/m 2.75kN/m 2.28kN/m 2.75kN/m 2.28kN/m 2.75kN/m 2.75kN/m

Panel Top A9
Wind Load
2.28kN/m 2.28kN/m 2.28kN/m 2.28kN/m

Panel Top A10
Wind Load
2.28kN/m 2.28kN/m 2.28kN/m 2.28kN/m

Panel A4
Wind Load
2.28kN/m 2.28kN/m 2.28kN/m 2.28kN/m

Panel A3
Wind Load
2.28kN/m 2.28kN/m 2.28kN/m 2.28kN/m

A7 A6 A5 A3 A8 TOP A9 TOP A10 A4 A1 A2

04 KEY TO PANELS - PLAN VIEW
NTS

Panel A6
Inflation
1.00kN/m 1.00kN/m 0.84kN/m 0.84kN/m 1.00kN/m 1.00kN/m 1.00kN/m

Panel A2
Inflation
1.00kN/m 1.00kN/m 0.84kN/m 0.84kN/m 1.00kN/m 1.00kN/m 1.00kN/m 1.00kN/m

Panel A5
Inflation
0.84kN/m 1.00kN/m 1.00kN/m 0.84kN/m 1.00kN/m 0.84kN/m 1.00kN/m 1.00kN/m

Panel Top A9
Inflation
0.84kN/m 0.84kN/m 0.84kN/m 0.84kN/m

Panel Top A10
Inflation
0.84kN/m 0.84kN/m 0.84kN/m 0.84kN/m

Panel A4
Inflation
0.84kN/m 0.84kN/m 0.84kN/m 0.84kN/m

Panel A3
Inflation
0.84kN/m 0.84kN/m 0.84kN/m 0.84kN/m

53

54

55

53__ETFE 展开图

54–55__ 预制天窗钢构件安装气枕后运抵施工现场

56

57

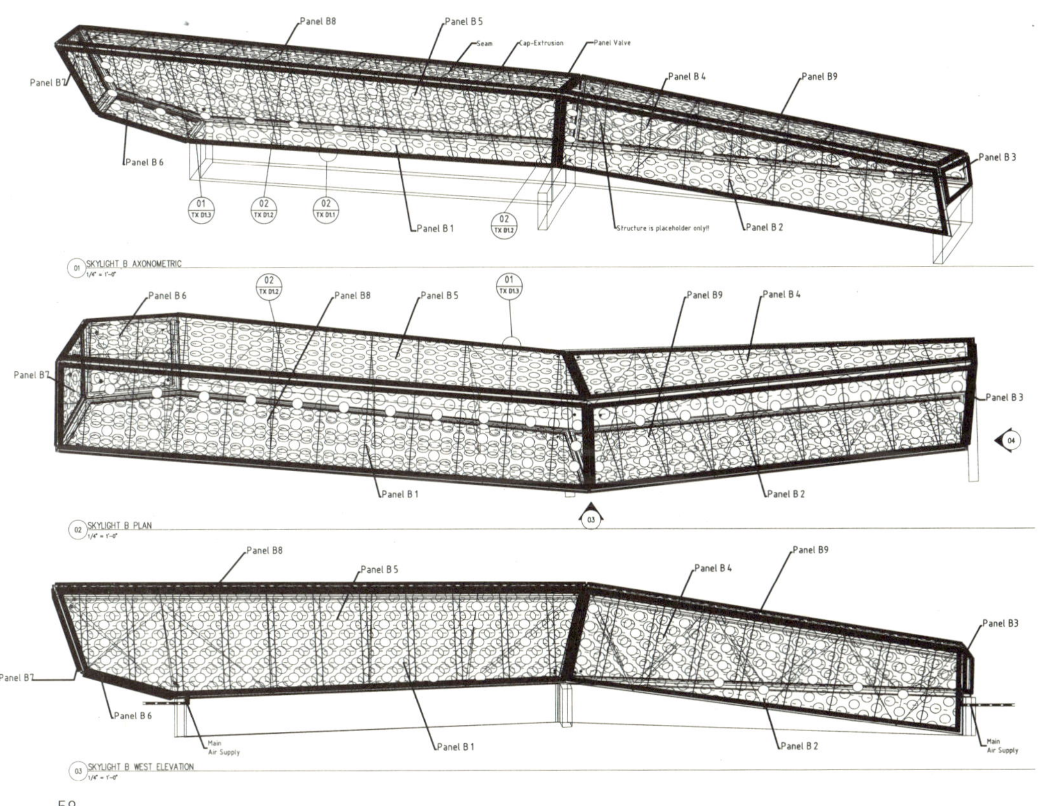

58

56—57__ 天窗每个切面都有独立的 ETFE 气枕构成
58__ 天窗轴测、平面及立面图

59

约翰·惠特利大学，格拉斯哥
Ahrends Burton & Koralek，2007
59＿外层膜面加装太阳能光伏板的气枕将被动利用太阳能转化成主动利用

附属功能

事实证明，ETFE 气枕是众多建筑技术的良好载体，特别是在服务性技术领域。除了利用密闭空气层进行保温以及调节印制膜面控制能量获取外，最新的 ETFE 膜材还可产生能量。将膜面印制的图案换成太阳能电池后，太阳能即被收集，用作建筑内部的照明和取暖。新型研发的超薄可伸缩太阳能光伏板比传统的单晶硅电池具有更大吸收能力，原有的惰性围护表皮也由此转化成积极的能量收集器。[2]

位于格拉斯哥的约翰·惠特利大学（John Wheatley College in Glasgow）图书馆于 2007 年竣工，它是首个将太阳能光伏板与 ETFE 气枕结合的实际工程。3mm 厚的光伏膜主要由不锈钢基板以及固定在不锈钢网面上的单晶硅组成，最终由 ETFE 膜材真空封装。弹性光伏膜被预制成 400mm × 3000mm 的模块，平覆在 ETFE 气枕的外层表面。这个 55m^2 的发电装置比政治和宗教言论都更具有说服力。随着技术的不断完善，我们有理由相信，光伏 ETFE 气枕将会得到更广泛的应用。

ETFE 气枕围护系统通过机械控制压差和光敏技术的引入，可以应对每天光线变化、季节轮回和气温改变，并主动生产能源。与传统围护结构相比，ETFE 结构体系正如雷纳·班汉姆所言，具有主动和被动的特点，更趋向生物表皮系统。

60

61

62

60–63__ 在 ETFE 气枕上加装轻薄的太阳能光伏板这项技术将 ETFE 膜材的应用引向深入

1__ 专用名词 "not–rectangles" 由 Michael Sorkin 发表在 2002 年《architecture+process：gehry talks》（纽约：宇宙出版社）上的论文 "Frozen Light" 中首次提出。他在其中探讨了在数字设计和虚拟建模支撑下，作为卡通片技术的扭曲的柏拉图体在建筑中应用的可能性。

2__Texlon PV（光伏）是福伊特克公司的注册产品。

63

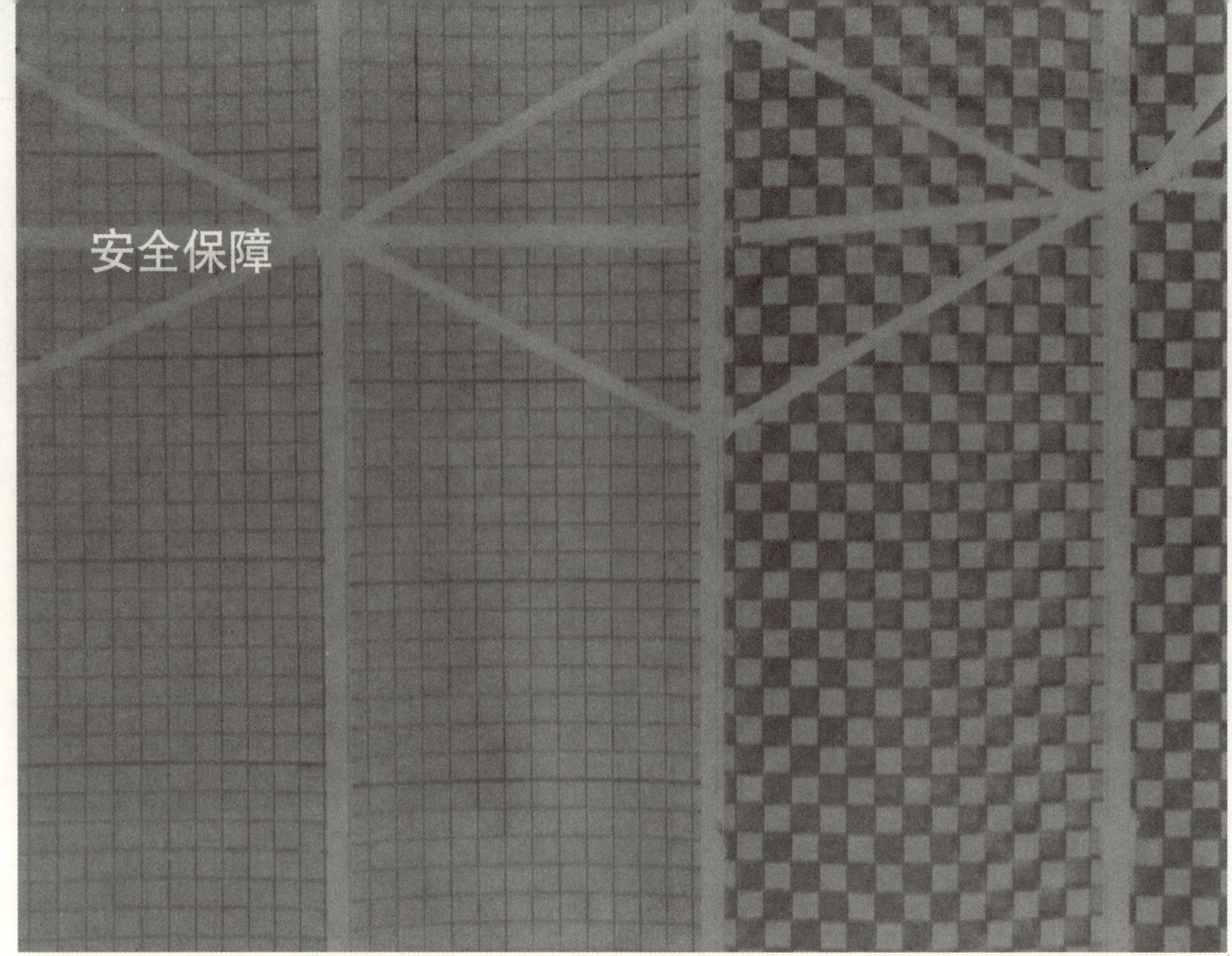

使建筑抵御火灾、爆炸、地震或恶劣天气等极端环境是建筑师与工程师一直以来追求的目标,他们首先考虑材料自身的材料性能。因此，当ETFE首次被推荐用作建筑材料时，官方自然对其安全性存在疑问。为了安全起见，应用该材料必须做出大量限制。对于ETFE膜材安全性的疑问是基于普通塑料在燃烧过程中的表现，普通塑料在火灾中不仅会急速融化从而加速火灾的扩大，同时还会释放有毒气体，对生命财产安全造成严重威胁。然而，自从1984年德国政府，以及1985年英国政府批准使用ETFE后，该材料即在众多常规领域得到广泛的应用。于是，局面发生扭转，工程中采用ETFE围护结构不再是被动的，而是主动的。作为一种柔性结构，除了在环境领域展现出的可持续性，材料被广泛接受的关键因素恰恰在于ETFE气枕系统的安全性。

火

ETFE良好的防火性能是它有别于其他塑料建材的主要特性，加之其自重较轻，因而可以在航空航天等领域得到应用。美国航天局和空中客车公司将其作为电绝缘体使用。虽然ETFE可燃，但构成材料的主要化学元素是氟，它是一种难燃物，因此，ETFE在火源熄灭后即可自熄。此外，与PVC（聚氯乙烯）等材料燃烧产生二恶英等气体不同，只有温度超过800℃时，ETFE才会产生有毒气体。即便如此，通过比对大量ETFE样本实验表明相比燃烧时产生的一氧化碳气体，ETFE产生的有毒物质可谓微不足道。高于200℃的条件下，膜材变软，在拉力作用下屈服。作为围护结构的ETFE气枕式膜结构系统，在充气状态下ETFE膜面受到张拉，高温气焰会使膜材萎缩，给火焰排入大气留出缝隙。轻型膜材燃烧后的残余物随着烟飘走，

1__ 由于材料质轻、柔软，因此 ETFE 气枕通风口的尺寸要远远大于传统通风口尺寸

2__ 当火灾发生时，热丝排烟口的热阻丝即被加热，烟尘因此可以经由切开后的膜面排向室外

因而，泄气后的气枕不会发生坍塌，对使用者造成伤害。ETFE 气枕的这种自排烟特点保证主体结构在火灾过程中不会爆炸或崩塌。由于自排烟特性使原本封闭的空间瞬间转化成为开放空间，因此中庭空间可视作外部空间，从而大大减少基础建设投资。这一原则性改变在英国财政部的改扩建方案中得以体现。原有的历史性庭院并未做防火处理，因此保证围合后的中庭自然排风能发挥作用是该项目可持续性改造战略中的关键部分。

ETFE 膜材已通过了欧盟、美国、俄罗斯、中国等国家和地区对于其耐火性能的测试。许多代表性建筑，如北京的国家游泳中心，其膜结构围合的封闭体积其实已经远远超过中国的相关建筑规范。因此，建筑的消防设计必须超越前人的经验并面临巨大的挑战。尽管 ETFE 材料本身不可燃，但是中国政府起初还是禁止 ETFE 膜材的使用。最终，由于材料的自排烟特性降低了使用风险，反对的声音才逐渐平息。

当温度未及 200℃时，为了应对该情况下的烟尘和火势，可在 ETFE 气枕式膜结构上加装传统的排烟口、可开启的气枕窗或是专用的排烟口。由于单一 ETFE 气枕窗面积较大，因此气枕窗较传统的排烟口效率更高。最大的 ETFE 气枕窗面积可达 25m × 3m。如此大面积气枕窗的安装是可操控的。在专利领域，最近研发的热丝排烟口由 4mm 直径的热阻丝组成——最初用于北极石油输油管道中，保持管道内部温度恒定——结合到气枕边缘节点中，由连接到建筑中央控制器的烟感应装置控制。[1] 当感应装置被激活，加热的电阻丝将像刀片一样割开膜材，从而使着火点与大气相连。60s 的时间内，50% 的膜面将被打开；90s 后，膜面 100% 被打开。所有膜面留有一个边缘未被切割，使膜面悬于主体结构上。气枕系统具有 100% 的非机械排烟效率，而百叶窗和传统通风口，受边框面积折

3 4 5

6

7

田中商系，伦敦帝国商学院，伦敦
福斯特事务所，2004
3–7__ETFE 顶棚将新老建筑有机地整合到一起，并为学校师生提供了交往空间

8

9
10

8–10＿由于膜顶安装了热丝排烟装置，因此整个中庭可以看做是与室外连通的空间

减的影响，通风率只有50% ~ 60%。尽管热丝排烟口每次使用后都需要更换，但所需费用仅为传统排烟窗的10%。就ETFE气枕式围护系统而言，采用综合排烟方式较为理想，即先打开通风口，再启用热丝排烟口，直至排烟完成。这样可以大幅减少机械排烟装置的数量。

伦敦帝国商学院的田中商系（The Tanaka Business School at Imperial College in London）校舍充分展现出ETFE气枕式膜结构系统在防火方面的优势。项目于2004年竣工，使人们能清晰地看到ETFE气枕式膜结构在结合新老建筑方面所具有的潜能。该校舍用地面积紧张，周围环绕着建于20世纪60年代的学术机构以及皇家矿业学院。学校的教学区集中在一个包有不锈钢叶片的6层圆柱体内，职员行政办公区则设在新改建的矿业学校的各楼层中。由玻璃幕墙和ETFE气枕顶棚围合的大厅将原本独立的空间统一起来，围合后的大厅既是学校社交活动的中心，同时也可作为由展览路步入学院的入口。该入口大厅是首个应用热丝排烟技术的实际项目。由于在ETFE气枕上设置了排烟口，大厅即可视为外部空间。原建筑中所有面向大厅的门窗均未更换，与中庭保持着自然的通风。因此，避免了一大笔用于购置防火设施和新型机电控制系统所需的费用。

风险

与玻璃不同，ETFE气枕破损后不会脱离支撑框架，因此安全系数大大提升。2004年竣工的柏林拉迪逊酒店（DomAquarée in Berlin）位于斯普瑞大街（Spreegasse）与海利希大街（Heilig–Geist–Gasse）交汇处，是购物、娱乐、办公、餐饮、住宿的综合体。受城市规划的限制，建筑只能建造成具有传统的石头立面的实心房屋。然而，最终的结果还是采用ETFE气

11

DomAquarée，柏林

nps tchoban voss architekten，2004

11＿中庭顶棚采用 ETFE 气枕取代玻璃，降低了屋面板损坏可能对 5 层楼高的水族箱造成的破坏

枕顶棚将街道和交叉路口笼罩起来。中央 5 层楼高的水族箱成为整个大厅内的视觉焦点。此外，还有一个办公区中庭和商业区庭院。三个空间原本设计采用钢龙骨支撑玻璃顶棚的方式，但由于水族箱的安置已经是工程中的一个冒险因素，因此顶棚结构的完整性以及玻璃坠落的危险性更让人担心。ETFE 气枕系统的方案消除了人们的担心，方案最终采用透明、质轻、能与不同几何形体“友好”衔接的 ETFE 气枕。

针对不同使用需求，三个功能区块采用的屋顶规格也有所不同。办公区和购物区采用的是固定式 ETFE 气枕——办公区为 3 层，主要用来加强隔声、隔热效果；商场采用的是双层透明膜气枕，充当遮风挡雨的作用。酒店屋顶采用的是 4 层印制膜气枕，通过调节膜面间距可以起到保温和控制水族箱光照强度的目的。膜面图案由不规则镀点组成。夏天，当印有图案的膜面叠加时，气枕透光率为 35%；冬天，印有图案的膜面分开后，气枕的透光率可达 50%。除此以外，为了方便水族箱的维护，膜顶中部的环形结构可通过吊装开启。建成后，膜结构顶棚成本较原玻璃结构减少了一半，同时，由于膜结构自重轻，对于既有建筑加固的工程量也大幅缩减。此外，玻璃屋面框架过多易产生渗漏，后期清洁等维护成本也较高，采用膜结构避免了这些额外开支。

ETFE 气枕式膜结构的广泛采用使越来越多的人开始意识到该结构体系在诸多方面的优势。含有镍硫化物的玻璃由于自重大、跨度小，在作为顶棚时，增加了安装、维护的难度，出于安全方面的考虑，开发商在顶棚设计中总是谨慎考虑玻璃的采用。在英国，许多采用了玻璃顶棚的商场大厅出于安全考虑，不得不在顶棚下安装不锈钢网，以防止玻璃天窗脱落后造成更大的伤害。为 2004 年雅典奥运会建造的商业中心（The Mall in Athens）由于采用了

12 13

14

15

12–15__依据使用需求不同，购物街、办公区和旅馆中庭三个功能区块上的膜材顶棚规格也不尽相同

16

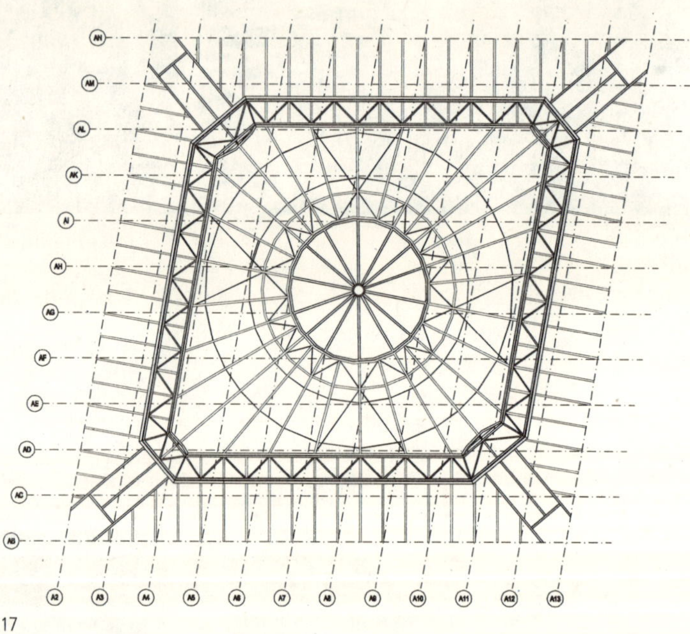

17

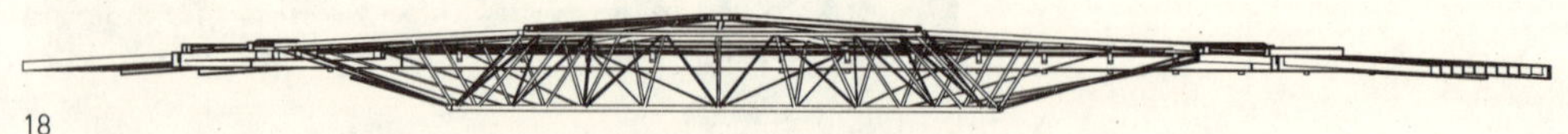

18

16＿ 鸟瞰图中三个不同类型的 ETFE 膜顶

17–19＿ 旅馆中庭膜顶的平面、剖面和轴测图

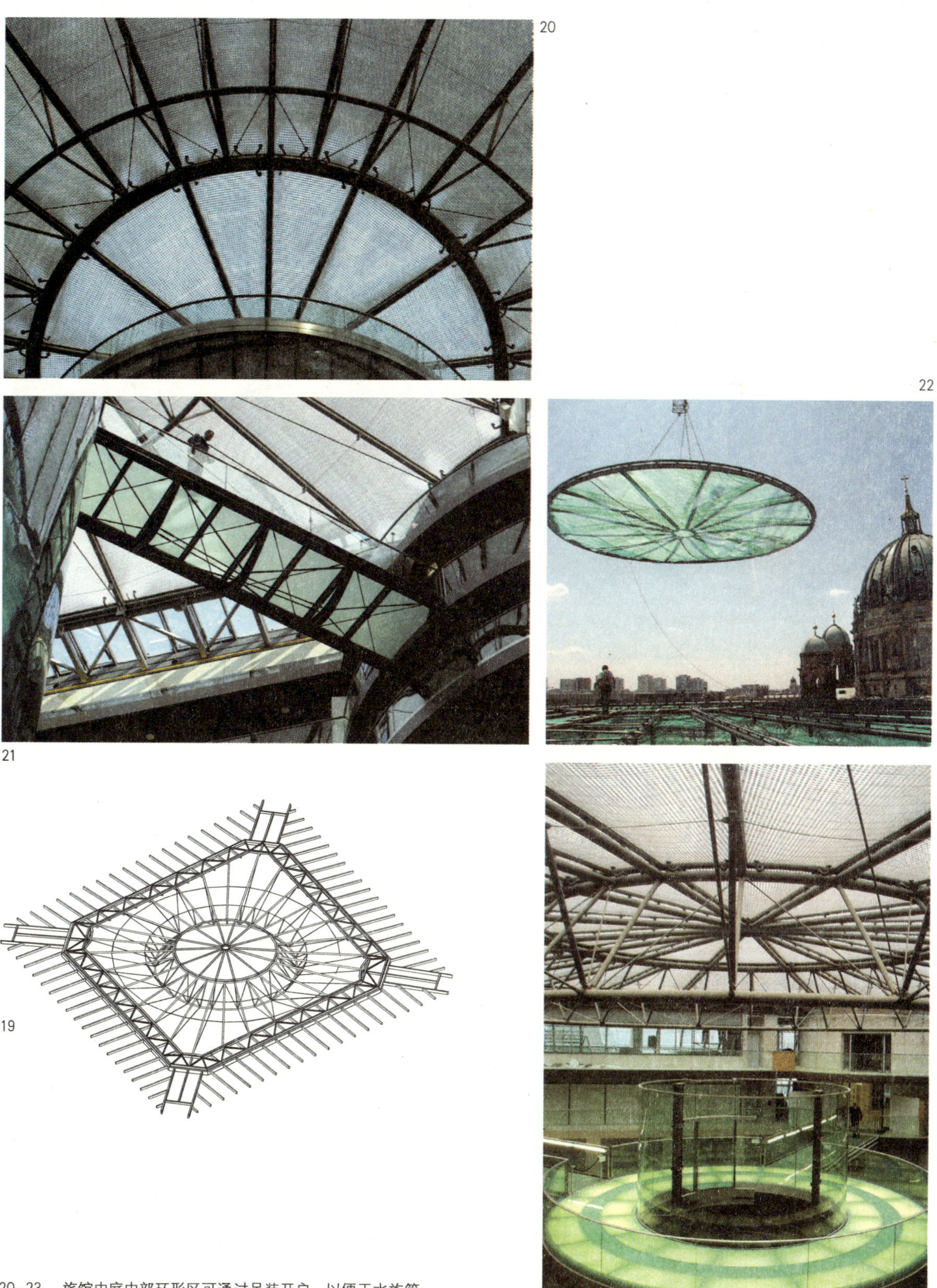

20

21

22

19

23

20—23＿旅馆中庭中部环形区可通过吊装开启，以便于水族箱的维修安装。4层印制膜面组成的气枕可依据使用需求精确控制保温、遮阳性能

24　25

26

27

商业中心，雅典

Ergotex，2005

24–25__ 左侧是印制膜面重叠后效果，右侧是印制膜面分开后效果

26–27__ 可变的 ETFE 膜顶主要用于购物区遮阳，同时较玻璃天窗使用安全系数更高

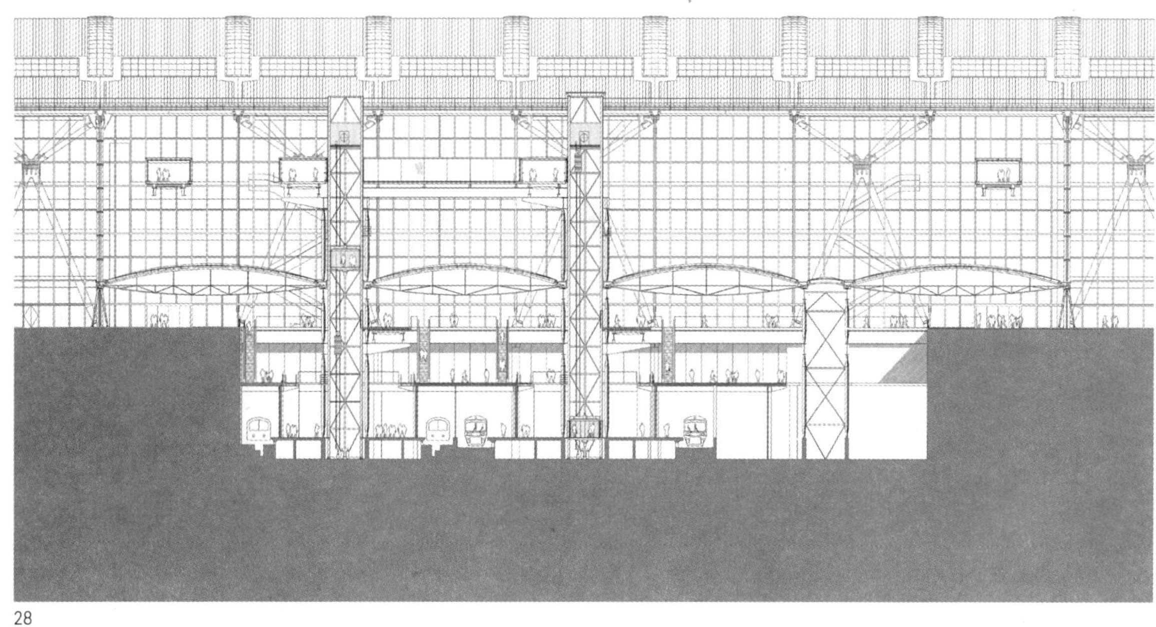

28

换乘站台，5 号候机楼，希斯罗机场，伦敦
理查德·罗杰斯，2008
28__ 覆盖 ETFE 膜顶的换乘站台连接着停车场、公交站台和下层的火车站

ETFE 膜顶，从而避免了上述问题。通过加建封闭的 ETFE 顶棚，原有露天购物区被统一起来，可调节的印制膜面减少了大厅内阳光的摄入量，良好的购物环境也激发了周边商业区的发展。

地震、暴风雨和爆炸

ETFE 膜材具有瞬间承载极高荷载的能力，加之其柔性的阻尼效应和极高的抗挠曲变形能力，使其非常适用于地震和恶劣天气多发区，或者是可能发生爆炸的场所。在模拟飓风条件的测试中，三层膜面组成的气枕表现良好。虽然外面的两层膜遭撕扯破坏，但内层膜却保持完整。在抵御爆炸能力的测试中，由于膜材瞬时吸收了大量荷载，因而充分保障了人员的安全。

ETFE 气枕的上述优势为气枕式膜结构开辟了新的应用领域，特别是在越来越多的政府机构和基础设施成为恐怖袭击目标的今天。英国财政部大楼和 2004 年曾遭到炸弹袭击的英国驻伊斯坦布尔大使馆均已将中庭上的玻璃顶棚更换为 ETFE 膜顶棚。同样，位于伦敦希斯罗机场的 5 号候机楼建成于 2008 年，其工期超过 10 年，而这期间人们安全意识大幅提高。由于世贸中心的袭击事件和马德里巴拉扎斯机场的炸弹事件使人们记忆犹新，因此，英国 BAA 航空运输公司要求项目采用的材料必须避免爆炸后会有碎片飞溅。最终方案是一个综合方案，航站楼局部采用玻璃，而换乘站台（Transport Interchange）顶部采用 ETFE 顶棚。换乘站台连接着新候机楼、巴士站台、多层停车场、地铁和城际、洲际、国际列车站。与传统航站楼主要由车辆换乘站台构成不同，5 号航站楼大厅遍布着行人广场和高大的树木。位于广场北侧的交叉换乘站台通过三部电梯将乘客分别运送至火车、汽车和公交车出入口。

换乘站台上 ETFE 顶棚由宽翼钢梁支撑，

29

30

29–30__架设在停车场与站台上的宽边型钢支撑着构成顶棚的下弦钢桁架

两两反向连接，呈现出与弯矩图相似的形态，支撑端作用在升降电梯塔的外框上。双曲管式弓弦桁架横跨钢梁之间，形成一系列平行拱券。ETFE 气枕的边缘并没有直接固定在拱券结构上，而是连接到精致的三角形支架上，支架高度约为 200mm，因此支撑起来的气枕仿佛浮在空中。双层膜气枕造型形似雪茄，膜面上 30 ~ 50mm 直径的银色斑点呈矩阵排列。这些大面积的斑点可以使膜面上的污点不那么明显，斑驳的花纹营造出类似于置身树冠之下的光影效果。换乘站台因此成为露天广场延伸至车站内的一部分，由顶棚透射下来的阳光穿过巨大的吹拔，直达几层楼深的月台上。该顶棚既满足了英国 BAA 航空运输公司对于使用安全的要求，同时也为乘客换乘提供了极大方便。

尽管 ETFE 气枕膜结构受益于柔性结构的特性，而且材料本身非常强韧。但在墨尔本南十字火车站施工期间，由于工人担心从 ETFE 天窗上跌落，工会曾一度威胁要罢工。为了消除工会顾虑，组织者将等同于工人体重的沙袋从 5m 高的高度砸向气枕，气枕最终完好无损。得到认可后，工会全心全意地支持此项技术，工作也得以顺利开展。上述诸多实例表明，在安装、维修和使用方面，ETFE 气枕式膜结构无须投入更多资金用于安全保障，因而越来越多的项目开始青睐采用该结构形式。

1__Texlon SV 是福伊特克公司的注册产品。

31 32 33 34

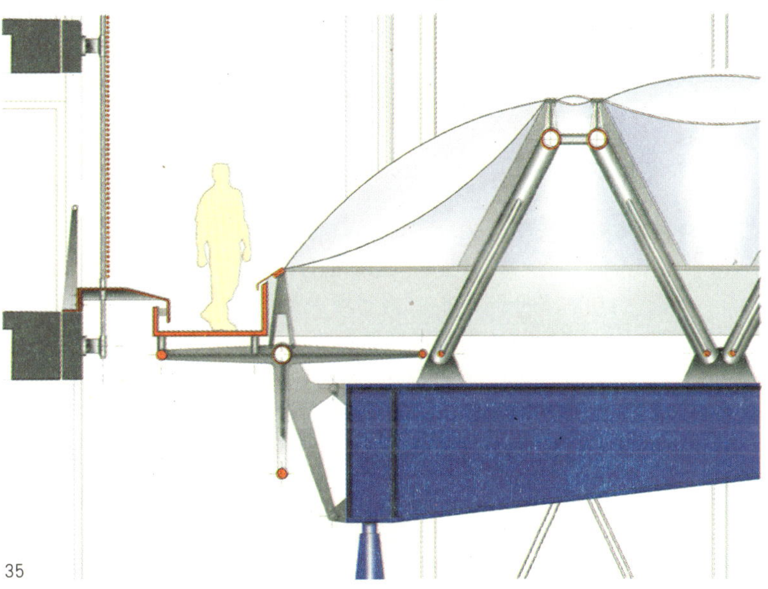

35

31–35＿ 双曲桁架支撑的双层印制膜面既满足了 BAA 航空运输公司对于安全方面的需求，同时营造出斑驳的光影效果

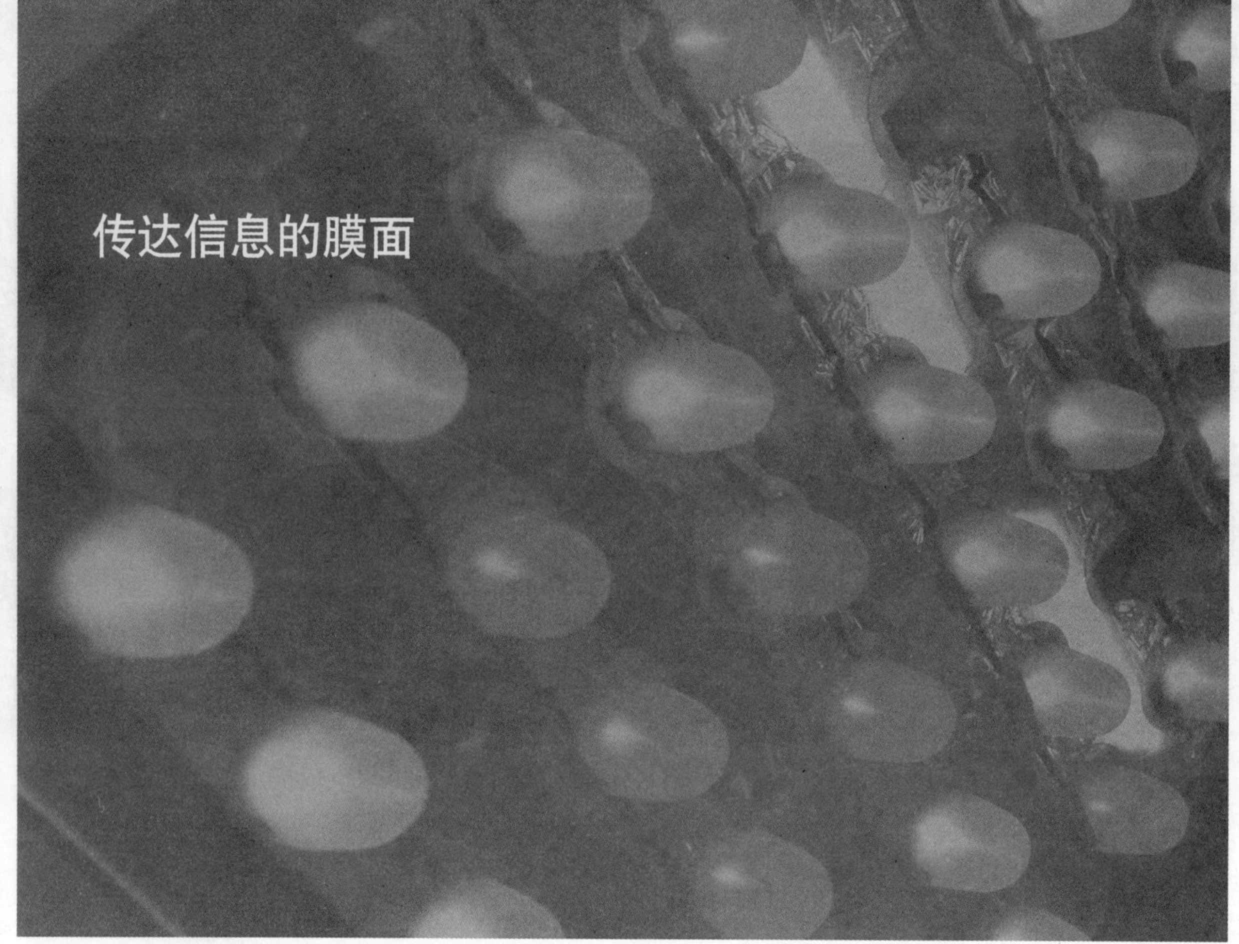

传达信息的膜面

希拉·肯尼迪（Sheila Kennedy）指出，空体墙的功能（价值）正随着其技术的发展出现了细化延伸，人们更加关注的是墙体表面的机理，原有的间隔作用被弱化，换句话说，材料力学性能与材料机理的美感交织在了一起。[1] ETFE 气枕利用膜结构系统同样展现出类似的趋势。除了在膜面安装光伏电池板获取能量外，调控膜材自身反射率也可控制光线摄入量。在膜面上印制图案，或利用雕有图案的辊子压制膜面的方式，在膜面上形成凹凸不平的细小纹理，使透射的光线发生散射。这一技术已在马格纳（Magna）航空馆的建设项目中得到了应用。该项目通过在透明的内层膜面上印制云纹图案，使光线发生不同程度的折射，最终在外层膜面上形成颜色斑驳的效果。同理，2003 年竣工的伦敦码头区轻轨的苍鹭站项目中（Heron Quays Station of London's Docklands Light Railway），其蓝色透明 ETFE 气枕背面加装荧光灯管后，将车站的标志性与艺术性统一在一起。

光线的展示

慕尼黑安联球场（Allianz Arena near Munich）在应用 ETFE 气枕的设计中，将膜面表皮的视觉效果和信息传达功能作为设计的重点。当 2002 年宣布新球场中标方案时，就有记者戏称该方案为“橡皮艇”，这不禁令我们回想起雷纳·班汉姆的充气海马。2005 年球场建成后，迅速受到来自高雅艺术和流行文化界的一致赞誉。整个球场就像是高速公路边的一艘航船，静默地停泊在优美的风景里，然而当有比赛进行时，球场顷刻间又将转变成拉斯韦加斯般繁荣的景象。

虽然场馆外表上看似简单，其实形式相当复杂。三阶预制混凝土座席确保场内 66000 名

1

2

3

苍鹭站，伦敦

Alsop Architects，2003

1–3__气枕后的彩灯为站台增加了抽象化的艺术效果

4

5

6

7

安联球场，Fröttmaning，慕尼黑
赫尔佐格与德梅隆事务所，2005
4–7__ 安装在印制膜面后的彩灯为高速公路上的司机和徒步而来的观众增添了场馆外部的观赏性

8 9

10

8__气枕屋面下安装的金属管有助于屋面抵御大的雨雪荷载

9__隐藏的排水槽将屋面和墙体分隔开

10__尽管气枕外形看似相同，但整个围护结构却是由1392个形态各异的气枕组成的

观众观看比赛时拥有良好的视距和视角。座位支撑在由预制构件构成的，现场装配的混凝土框架上。预制楼梯沿场馆外围盘旋而上，与混凝土楼板一起构成场馆的双曲面的造型。除了支撑座席以外，强劲的混凝土结构还要承载直径60m的放射状顶棚钢桁架，桁架由抛物线形的上弦杆和下弦杆构成。

场棚四周围护墙与座位上空的顶棚均采用ETFE气枕式膜结构，钢筋混凝土看台与膜结构支撑钢架彼此独立。虽然通常情况下ETFE气枕式膜结构无需二级支撑结构，但由于安联球场规模庞大，因此需要单独的钢支架支撑气枕。支撑钢架呈双向弯曲，与结构主体采用铰接短柱和可扭转弹簧衔接，从而可以在一定程度上调节结构产生的变形。由气枕组成的围护表皮看起来是连续的，其实围护墙和顶棚分别采用了不同的支撑结构，两者交接部位隐藏着排水沟。

当然，排水沟通过靠近顶棚的一侧设置的充气挡檐板掩盖起来。场馆其外形曲率变化，围护表皮上共计2784个看似相同的菱形气枕实际上可划分成1392个不同的规格。气枕的大小规格从2m×7m到5m×17m不等，菱形边长在4～8m之间。整个场馆从基础到顶棚彼此独立，共分为8个部分。由于场馆体量庞大，为了保持气枕表皮在热胀冷缩后不产生褶皱，项目在气枕间的水平构架上安装了多功能铰接点以吸收气枕热膨胀产生的张力。[2]

安联球场的气枕表皮同样存在一系列技术问题，如气枕边沿部分设计不合理造成气枕间彼此挤压，对大面积缓坡顶棚处理雪荷载困难等。为了应对暴雪荷载，顶棚气枕内的压力由常态下的300Pa可增至800Pa。此外，为了适应荷载变化导致的结构变形，可移动的金属排水管被分置在1900个气枕间。金属排水管气枕内层膜面上的“O”形环固定。显然，“O”形环的安装将增加气枕内气体外泄的风险，尤其

11

12

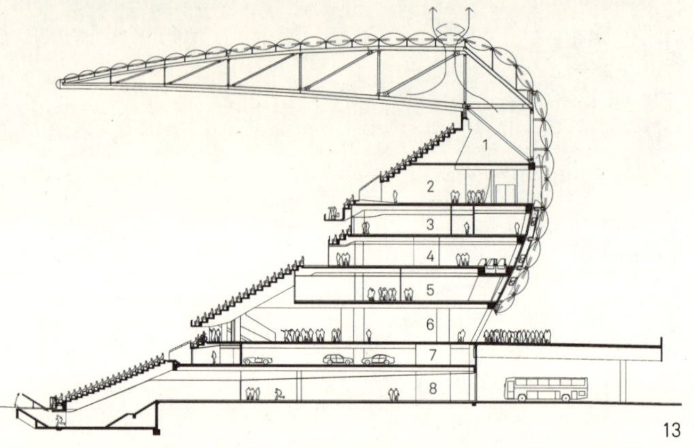

13

11–12＿ 正如期待的那样，座席的排布与顶棚大屏幕的设计为整座体育场增添了紧张的竞技氛围

13＿ 剖面

1 检修区
2 小型步道
3 包厢
4 商业俱乐部
5 主办方休息室
6 大型步道
7 VIP 停车场
8 运动员通道

是在雨雪加剧的情况下，极易造成气枕的萎缩变形。

环绕在场馆四周的双层膜气枕上印有大小不同的白色镀点，镀点从顶部气枕到底部逐渐密集，其目的是防止膜面反射眩光影响高速公路上司机驾驶。顶棚的双层膜气枕全透明，使阳光可以直接照射到场馆内的草坪上。顶棚钢格架的下方装有可伸缩的网状玻璃纤维织物，织物如浮云般的遮挡阳光，为场馆营造舒适的观赛环境，使观众得以专注比赛。

轻型围护表皮内的灯光设置是安联球场最为吸引人的一点。当气枕内的灯光点亮时，整个透明膜面表皮营造出活跃的、具有诱惑力的视觉效果，灯光除了为建筑物自身提供照明外，同时也吸引过往的司机，使靠近球场的观众感到兴奋。装有红色、蓝色和白色镜片的荧光灯会在程序的编排下呈现出不同的灯光效果，以配合场内球队的代表色。25500 个特别设计的抛物线形反光板确保了光的反射和光照强度，这些装置通过架设在膜枕内侧表面处的移动式起重设施进行维护。得益于 ETFE 材料耐火性能优越以及照明方式的周密设计，大大降低了场馆的火灾隐患。

图案

2008 年北京奥运会的水立方场馆同样采用了编程式照明，灯光赋予建筑本身独特的观赏魅力。在巴塞尔的圣雅各布体育场（Saint Jacob Stadium in Basel），照明技术得到进一步发展，场馆原建于 1960 年的聚碳酸酯外皮全部更换成 ETFE 膜系统。包裹在混凝土主体结构外侧的钢格架支撑起 3.5m × 25m 气枕组成的膜结构。场馆外观沿着公路和铁路一侧形成水平向的标志性景观。这种新型表皮 2006 年投入使用，在为观众提供全天候保护的同时，也起到宣传和娱

16

14　15

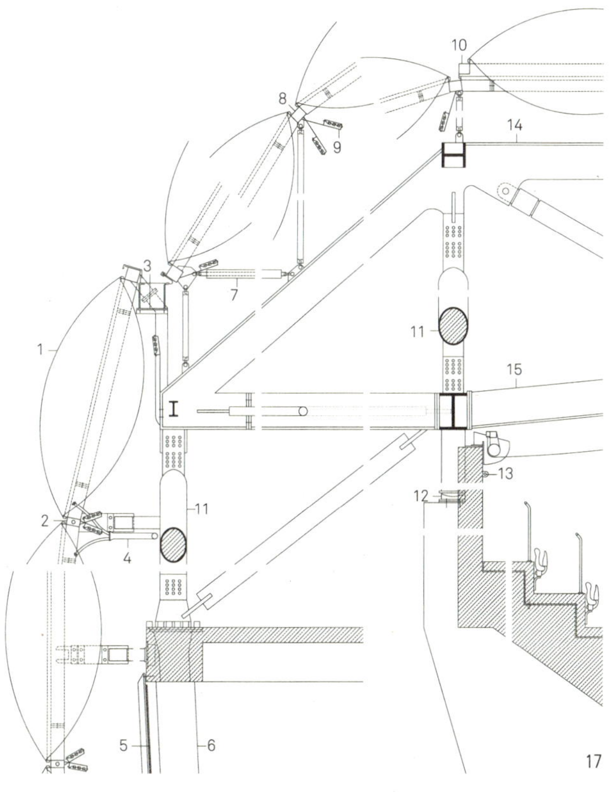

17

14__ 用于检测的全尺寸模型

15__ 场馆主体主要由混凝土座席和钢结构顶棚两部分组成

16__ 绕场馆一周的混凝土看台有助于加固双曲率弯曲的顶棚结构

17__ 顶棚细部构造

1 0.2mm 厚的 ETFE 膜
2 聚烯烃密封截面为 120mm×220mm 的长方形钢管
3 排水槽
4 直径 100mm 的充气管
5 镀锌钢隔栅
6 混凝土柱
7 直径 140mm 的筒状弹簧
8 聚烯烃密封截面为 180mm×180mm 的正方形钢管
9 三色背光灯
10 ETFE 通风口开启装置
11 混凝土加固斜撑
12 滚珠轴承
13 荧光灯管
14 ø600/600 ~ 300/200（单位：mm）的焊接箱形钢桁梁
15 ø600/460 ~ 300/200（单位：mm）的焊接箱形钢桁梁

18

圣雅各布体育场，巴塞尔
赫尔佐格与德梅隆事务所，2006
18＿在膜面上嵌入文字需要结合拼接、裁切与焊接三方面的工艺

乐的作用。除了彩色多变的背景灯光，气枕外层膜面上还印有 12m 高的字符，字符的高度足以对周围产生震撼性的视觉效果。以往字符通常采用印刷的方式或附加一层膜的方式附着在气枕上，而该项目的红色字符完全是通过切割原有白色膜材替换成红色膜材形成的，因此确切地说是应该是“植入”。由于字符在剪裁、焊接过程中干净利落，因此充气后的气枕曲面不会出现变形、气泡或褶皱。焊接后的膜材需经非线性荷载分析，从而确保应力在不同材质膜间协调分布。不同种膜材间和复杂的图案要考虑三维空间的关系，因此需要特殊的机器焊接方可形成理想的焊缝。上述镶嵌图案方式与编程控制的灯光技术手段无疑将 ETFE 膜系统在信息传达方面的优势推向了新的高度。

在膜面信息传达的研究上，福伊特克公司无疑又走在了最前沿，通过技术研发，他们已经将光带和 LED 灯与膜结构组件完美的结合到一起。为了营造绚丽的灯光效果，传统技术是在气枕后加装灯具与彩色透镜，但福伊特克公司将光源直接移植到外层膜面上，在电脑程序的调控下，整个膜面将被映衬的更加流光溢彩。麦克卢汉（Marshall McLuhan）一定没有想到，原本只由 ETFE 膜面和空气组成的气枕会逐渐演变成从文字到视觉媒体多方位的传媒工具。

1＿Sheila Kennedy，"物质表现：回归真实，"《滥用物质》（伦敦：AA 出版社，2001），p.9。
2＿Rudolf Findeiß，Johann Pravida 和 Kurt Stepan，"钢结构——屋顶结构和垂直立面，"《细部》（No.9，2005）p.965。

19

20

21

19–21__ 大型字符与灯光的配合将 ETFE 膜材信息传达的优势展露无疑

22 23

24

25

26

22–26＿在体育场周围可以看到外表皮上显著的文字

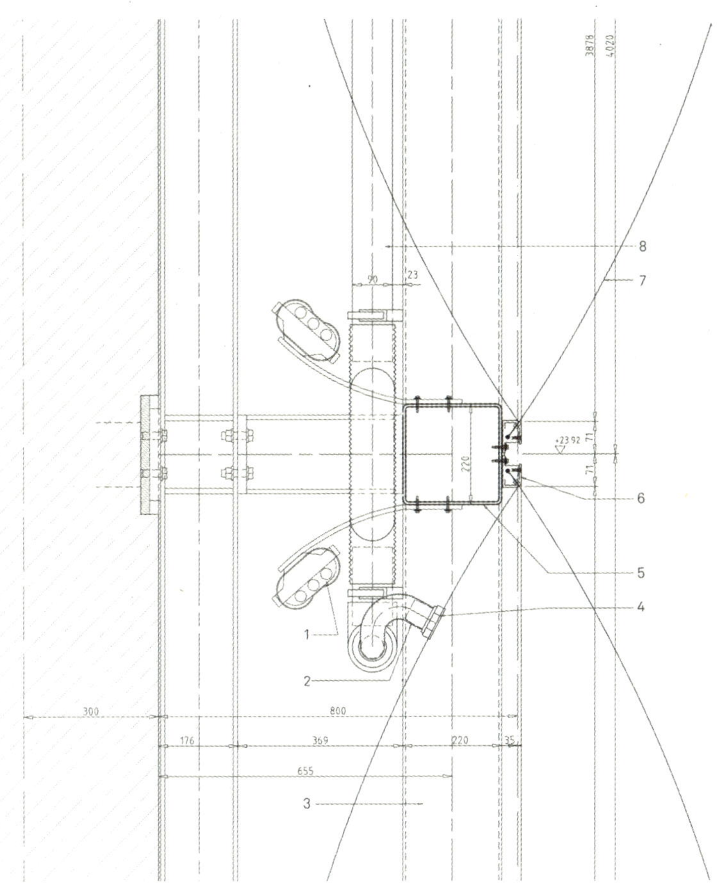

27

27__ 外表皮剖面细部构造

1 LED 灯

2 直径 50mm 的电线管

3 垂直钢结构

4 直径 50mm 的充气活塞

5 水平钢结构

6 铝制气枕密封边

7 双层膜 ETFE 气枕

8 直径 90mm 的 PVC 充气管

28–30__ 安装 LED 灯的 ETFE 气枕

28–30

调节气候的封闭罩体

自从20世纪70年代ETFE投放市场以来，ETFE膜从初期的可选材料逐渐成为许多建筑围护结构的首选，并至今为人所推崇。促成这一改变的重要因素在于气枕式膜结构系统将ETFE膜材与空气有机地结合在一起，并形成封闭的人工环境。从早期的温室、游泳池罩棚到临时展馆，ETFE气枕式膜结构正逐步扩大其应用范围，现已延伸至健身中心、体育场馆、政府大楼、博物馆和交通运输基础设施等。此外，在建筑改造和城市更新项目中，这种轻型结构同样发挥着积极作用。虽然，早期ETFE气枕式膜结构的应用还仅限于温带地区，但近年来一些建造在恶劣环境中的项目证明，该结构同样经受住了考验。

趋势

在ETFE气枕式膜结构的适用领域不断扩张的过程中，其结构体积也在不断增大。虽然还没有达到城市的尺度，但类似“曼哈顿气泡”和“北纬58°”等最近实施的一些项目已经开始脱离单体建筑的模式，逐渐向奥托所谓的大尺度“非建筑”形态发展——多栋楼宇及其室外景观被笼罩在单一膜结构罩体。罩体下的景观模糊了室内外的差别，所形成的环境景观不仅仅是花园供人观赏，更重要的是，作为环境的基本要素发挥环境战略作用，极大减少能源的消耗和对机械系统的依赖。

消极观点

起到微气候调节作用或被称为环境泡泡的膜结构，其原形来自人们对于伊甸园的想像，而征服撒哈拉、极地或外太空恶劣生存环境的愿望则是推动该体系发展的不竭动力。然而，伊甸园内部质朴宜人的环境仅仅是相对于外界欠理想的环境而言。无论是作为伊甸园、乌托邦，

1

2

1–2__1971 年，鲁克尔公司将密斯·凡·德·罗的克雷费尔德朗格住宅笼罩在气承式膜结构中，以提醒人们对于环境污染的重视

还是作为环境泡泡，它们与展示民主场面的孟高尔费热气球的不同在于其内部环境具有可选性和可控性。就如同设有栅栏和警卫的社区或是一片私人化的天空一样[1]，环境泡泡同样面临着公共领域内个人利益的权衡问题。

环境泡泡并不是人类惟一的选择，任何技术都面临着风险，需要不断完善。富勒提出的环境气泡的设想同样需要权衡理想和现实间的矛盾，必须面对赞美与毁誉，如同 1970 年大阪世博会上的气承式膜结构成为所有可能中的最佳选择，而对于同期德国的另一充气项目人们则持有较为消极的观点。1971 年，鲁克尔公司（Haus Rucker Co.）的气承式膜结构将密斯·凡·德·罗的克雷费尔德的朗格住宅罩在其中。该工程被命名为“掩体——环境污染中的庇护所”，为此派发的宣传册上写到：“烟雾已经吞噬了我们的城市。以卡车运力计算的大量尘埃正在被城市居民所吞食。街道俨然成为毒气室，河流也开始变得黏稠……‘掩体’提前向人们展示环境继续恶化人类将不得不面对的情形：人类只有依托人工环境才能生存，装备齐全的‘孤岛’成为一个自给自足的生活单元……一个小型复合式空间将人类生活单元从不可能打破的平衡状态中隔离出来，如同诺亚方舟再次降临我们的世界。”[2]

这种世界末日即将来临的极端观点一时间迅速传播开来，人们不得不认真对待。但是，鲁克尔公司对于气候孤岛的阐述与班汉姆环境泡泡的概念却高度相似，他针对与世隔绝的罩体进行的讽刺性和争议性的解读，以及能源密集型建筑等概念的阐述影响了整个 20 世纪下半叶。然而，随着社会不断认识到人类及其建筑物正在迅速消耗着自然资源，资源枯竭、气候变化等问题迫使我们积极寻求解决途径，微气候调节的罩体概念则成为环境可持续发展的必经之路。

3

成吉思汗后裔帐篷娱乐中心，阿斯纳塔
福斯特事务所，2008
3–4__ETFE 气枕式膜结构围合的微气候环境由建筑和城市化尺度的热带园林景观构成
5__下部看到的索网细部
6__放射状排列的钢索主要承担风荷载，环形分布的钢索主要承担结构向上的张力
索网结构的平面、轴测、侧视及正视图

积极观点

目前，已建成的ETFE气枕式膜结构项目正使人们逐渐认识到该结构体系在可持续性方面的诸多优势。在哈萨克斯坦新的首都阿斯纳塔，成吉思汗后裔帐篷娱乐中心（Khan Shatyry Entertainment Center in Astana）的出现预示着封闭的微气候环境成为现实。同巴西利亚一样，阿斯纳塔这座城市的建设也是从无到有。原地貌景色单一，气候条件恶劣，气温在 ±35℃ 间剧烈波动。这不禁令人想起奥托试图在极端环境下建造生存环境的设想。而该娱乐中心试图营造一个具有舒适的微气候和丛林景观的"浓缩世界"。

该娱乐中心结构由索网结构支撑ETFE气枕构成，零售、餐饮、娱乐以及停车等建筑面积高达 100000m^2 分置在台阶式植被平台上，为人们营造出了一个城市尺度的热带公园，其间穿插着湖泊与河流。非对称圆锥状索网结构通过 20m 高的倒锥形构架支撑在 70m 高的三角形构架巨柱上。三个雪茄形构架均由直径 1m 的钢管预制焊接而成。顶部的倒锥与 190 对直径 32mm 的放射性钢索通过铰接方式连接，铰接允许结构转动调节，以适应放射状分布的钢索承担风荷载，环形布置的钢索用于约束风吸力。索网底部通过混凝土环梁锚固在地基上。平面由 4 个非同心弧确定的索网围合出的空间平面长 145m，宽 115m。

可延展的ETFE气枕非常适合用于设计移动范围接近 ±1m 的索网结构。当索网产生变形时，钢索间的间距缩小，气枕形状随之由菱形向圆柱体改变。为了保证不同结构间协同工作，气枕边缘与钢索的连接不可能连续，而是交叉布置，从而使整个气枕式膜结构系统像蝮蛇形铁丝网一样移动。位于气枕下方的不锈钢索可以承担高达 7t/m^2 的暴雪荷载。为了最大限度地避免雨雪的堆积，索网倾斜表面需保持足够

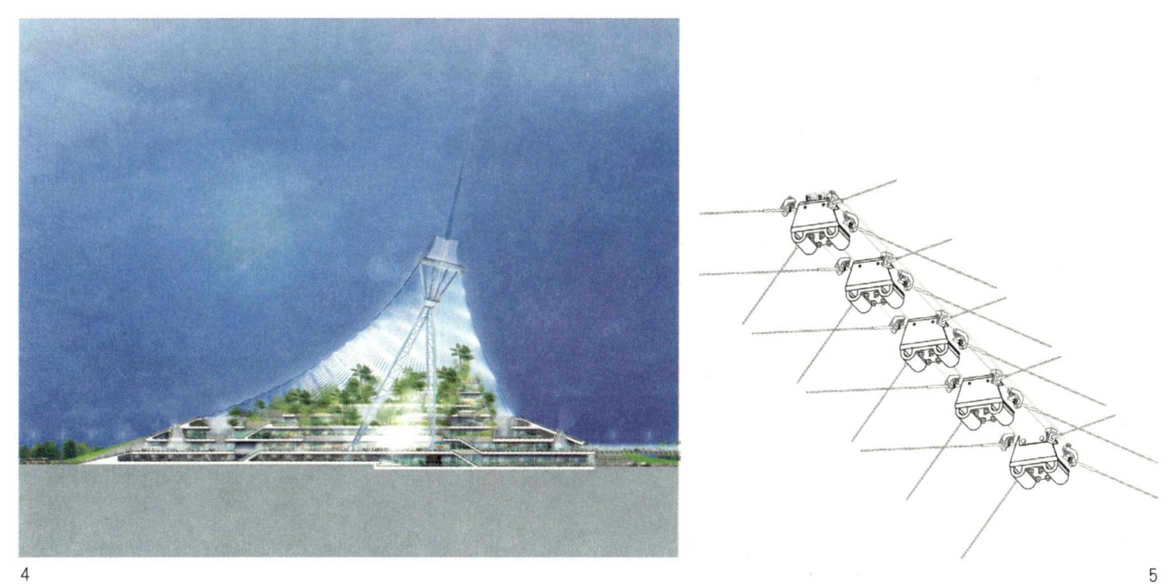

4

5

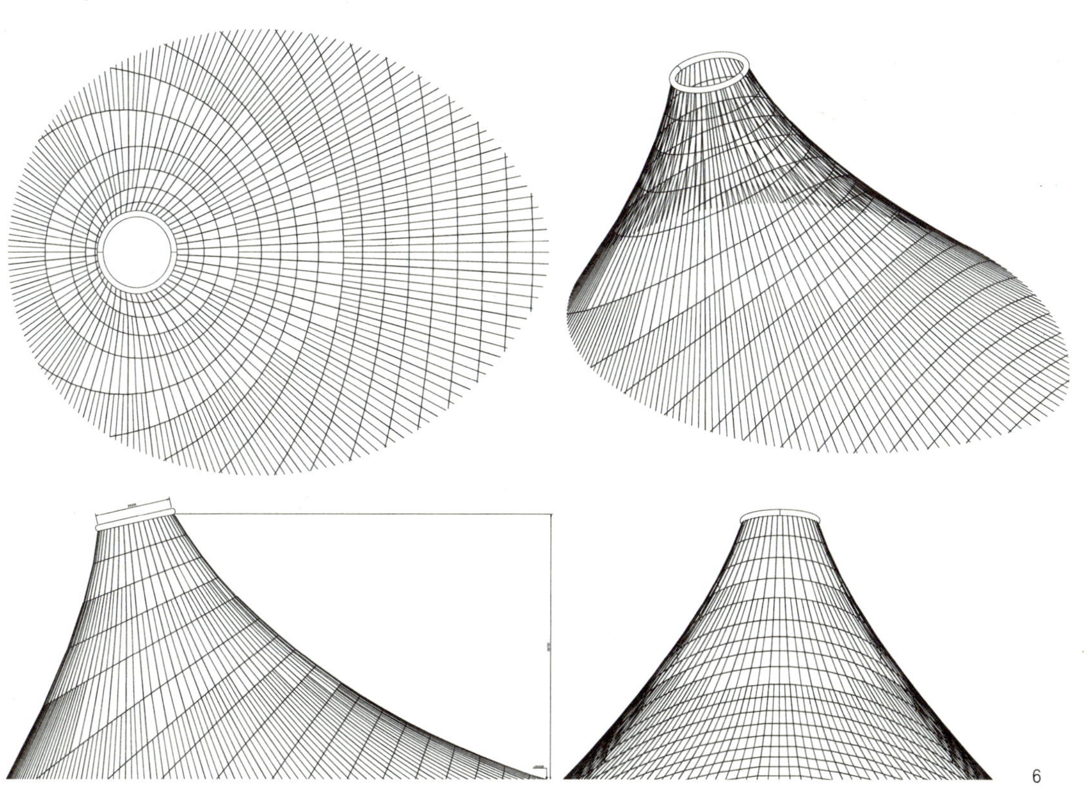

6

7

8

9

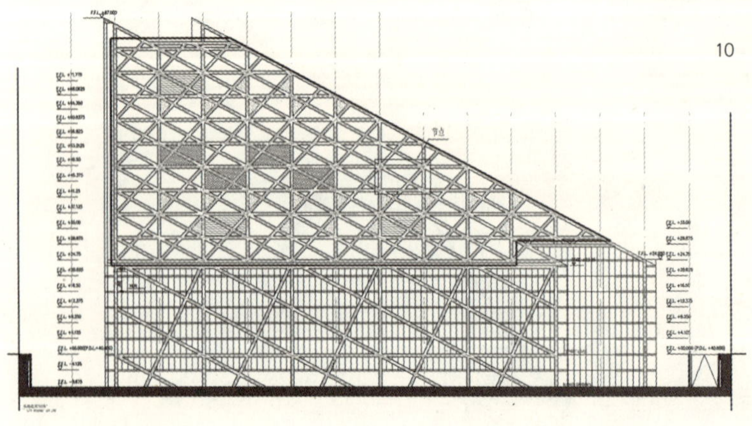

10

侨福花园芳草地，北京
北京侨福置业有限公司，2008
7–9＿ 在北京，人们饱受环境污染的困扰，密闭的膜结构为一组建筑物提供了生态化的环境
10＿ 北立面

11

11__ 综合了被动获取环境效能和生态材料两方面技术的 ETFE 膜顶，其造价较玻璃顶棚低廉，同时也可减少碳的排放量

陡的坡度。

全封闭的罩体下装有中央空调，确保罩体下的园林景观中环境温度保持在冬季 15℃、夏季 30℃。冬季罩体外部寒冷，其内部却温暖潮湿。设计面临的最大挑战是防止三层气枕膜面上结冰。通过温控系统控制室温，并从罩体表皮的下部向上向气枕内层膜面吹热风，最终解决了上述问题。同时，吹向气枕的上行风还有助于减缓罩体内强劲的下旋气流对于结构体的冲击。夏天，外层膜面上印刷的图案可以形成阴影。鼓风口吹出的冷气穿过整个空间抵达罩体底部，结合打开顶部通风口，形成自然的循环风。当娱乐中心内维护热带景观和调节微气候所需能量过高时，设计团队将启用发电时产生的热能，由于制冷和制热均需消耗了大量的电能，因此，利用发电余热节能的方式显得尤其重要。

在北京，同样有一座基于不同文化和气候条件下建造的大型气枕式膜结构建筑。伴随着中国经济快速发展，鲁克尔公司的预言开始在这座城市灵验，水资源短缺以及空气和噪声污染等问题正在困扰着这座城市。侨福花园芳草地（Parkview Green Plaza）项目正是在此背景下建起的一座具有调节微气候环境能力的综合体建筑，为内部使用者营造出健康舒适的工作生活环境。与传统的高耗能建筑不同，该建筑为了减少碳的排放量，并未大量引入高能耗设备，取而代之的是采用大量环保建材和多种被动式能源策略。

该项目用地位于天安门广场东侧，毗邻低矮的外交使馆住宅区，其东侧是高耸的办公楼。按照计划地下 5 层作为零售区和停车场，地上部分由西北侧向东南侧从 5 层到 17 层抬升，四座办公楼统一笼罩在一个大型的封闭罩体内。罩体的楔形剖面有利于自然通风。首层除了保留原有林荫路外，基地周边道路均后退了 24m，2 层楼深的“壕沟式”下沉空间环绕在建筑四周，

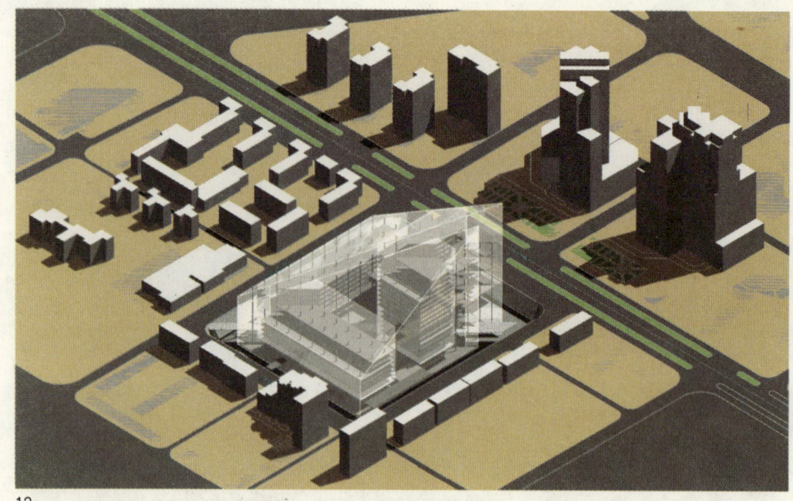

12

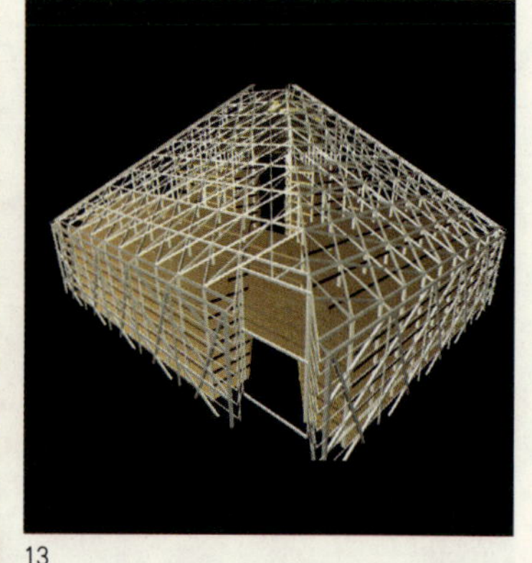

13

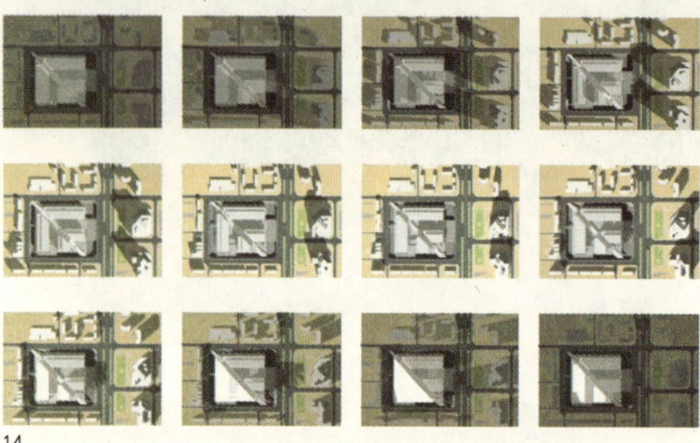

14

12–14__ 密闭的膜顶在减少阴影面积的同时也为其内部的建筑提供了良好的微气候环境

15__ 雨水槽剖面详图

1 鸟嘴夹
2 金属篦子
3 发光带
4 三层膜气枕
5 防水层
6 钢制雨水槽
7 直径 150mm 的镀锌钢管
8 气枕充气管
9 钢制支架
10 PVC 防水板

不但保护建筑自身不受破坏，还为地下空间引入了自然光。下沉式花园种植的常绿植物可以过滤进入地下的空气。在首层，入口大厅经由桥、步道、零售、文化、休闲等公共设施。

笼罩传统建筑的罩体除了起遮蔽风雨作用外，还兼具有隔热保温作用。罩体四壁由局部带有可调节玻璃百叶的单层玻璃幕墙组成，斜顶棚采用的则是三层印制膜 ETFE 气枕。由于被罩体笼罩内的建筑外墙得以像内墙一样处理，节省了大量资金投入。建筑间的空隙转化为公共活动区域，其间配置着具有蒸发降温作用的水池和可增添室内氧气含量的茂盛植被。无论是各处的平台还是廊桥，到处充满了绿植，位于顶层的豪华旅馆屋顶花园同样为人们提供了舒适的环境。立体化的植被分布使绿化空间超过 40%，整栋建筑综合体俨然成为北京严峻气候条件中的一片绿洲。

综合体内部环境通过被动式能源获得与机械系统两种方式调节。罩体外部环境温度变化在 −20 ~ +40℃之间，每一栋建筑均由楼板下的顶棚送风口进行供暖和制冷。在首层入口大厅，夏天的温度要维持在 25℃左右，较外部环境温度低 8 ~ 10℃。为了达到环境设计要求，一方面要避免冷气外泄，另一方面要加强蒸发散热和自然通风。借助综合体顶部的通风口，自然通风效果得到强化。冬季，罩体内温度要维持在 5 ~ 10℃，较室外温度高大约 10℃，由于只打开罩体底部的通风口，新鲜空气在被阳光加热后才进入各栋建筑中。春秋两季，罩体内外温度均保持在 20℃左右，此时，罩体和内部建筑所有通风口均打开，自然风可以直接吹入综合体内的各个角落，综合体能耗最低。

ETFE 气枕式膜结构顶棚不但具有保温隔热的作用，同时还可依据植物光合作用需求调节室内光线的获取量。该项目中还充分利用了柔性结构适用于地震设防地区的结构优势。得

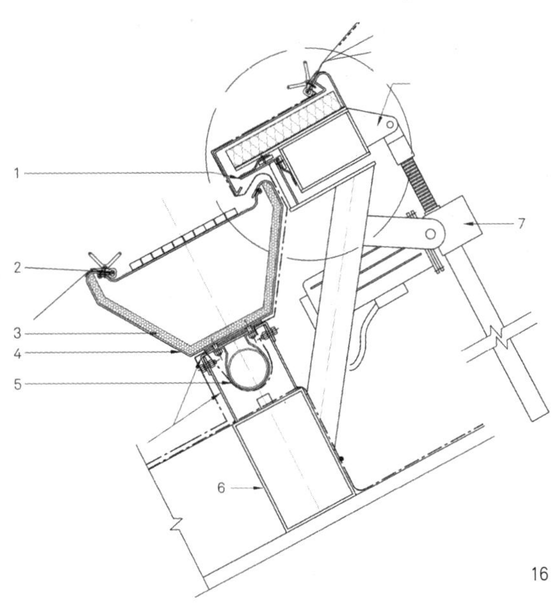

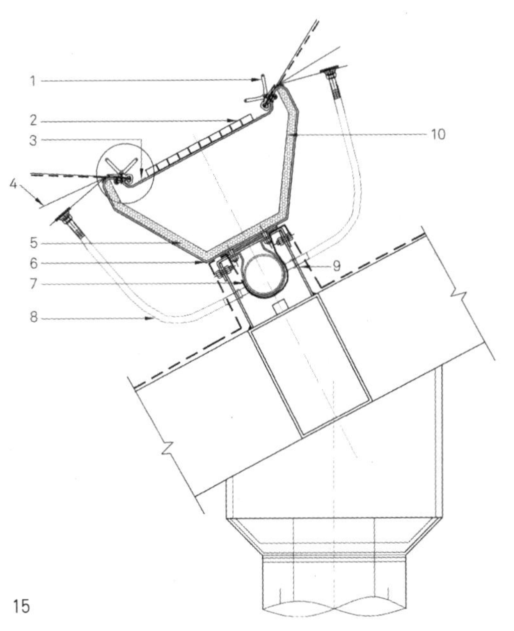

16__ 螺旋千斤顶节点构造

1 Z 形 6mm 厚衬垫
2 三层膜气枕
3 防水层
4 刷漆钢制雨水槽
5 直径 150mm 的镀锌钢管
6 截面尺寸 300mm×300mm×10mm 形心间距 750mm 的方钢
7 螺旋千斤顶

益于气枕热丝排烟等技术的引入，尽管公共区域笼罩在封闭的罩体中，但仍可按室外来对待，并满足当地的防火规范要求。轻型的 ETFE 气枕膜顶较玻璃顶节省了工程造价。

伊甸园项目曾经完美地诠释了空中花园的理念，而艾奥瓦地球公园（Earth Park in lowa）的出现又推动这一理念进一步发展。项目旨在夏热冬冷且多雪的不利气候条件下营造出一片热带植物景观。同时致力于达到环境效益。项目建筑面积 1.6hm^2，略大于伊甸园工程的热带馆，其中包括三种亚马逊雨林形态：茂密的丛林、雾林和洪溢林，一座容积达 227 万升的水族馆掩映其中。罩体采用了仿生的造型，各个不同的雨林形态区域环绕着核心，核心部分分 6 层，设置参观展示路线，并容纳维护园林生态系统的设备。罩体造型为适应不同雨林所需的生长条件而起伏变化，如雾林占据着 50m 以上空间，而洪溢林则位于较低区域，巨额开支用以维持罩体内生态系统的运转。

为了保证艾奥瓦地区多云的天气条件中热带雨林的正常生长，罩体必须最大限度地获取阳光。因此罩体南侧暴露于阳光之下以利于植物的生长，北侧边缘则平缓地切入大地，岩石墙可以起到蓄热的作用。钢管构成的三角网壳由三维索桁架加固支撑，整个结构体比伊甸园工程的双层膜壳轻。为了保证光线的透射率并减轻荷载，气枕膜面减至 3 层。除了自然采光和热压通风，雨水回收、中水再利用等生态技术手段也被引入其中。20% 能量来源于基地中安装的新型乙醇燃料电池产生的电力，其余 80% 来自场地以外的风能发电。

从地球公园项目可以看到，艾奥瓦地区农业经济已从单纯的粮食生产到乙醇等生物能源制造的转变。值得注意的是虽然美国共和党政府并不重视气候改变和环境可持续发展等问题，但地球公园的建造却得到美国能源总署的大力

17

18

支持，并受到民众的普遍关注，其也将成为美国绿色建筑商会、西门子及其他环境机构和投资商研究的焦点。

可持续发展方面

通过20世纪人们对于轻质膜结构的不懈探索，“轻质”这一理念已经同减少能耗、资源保护等需求联系起来。如今，减少环境负荷，减少碳的排放量显得比其他任何时刻都重要。任何个人、企业、政府机关都在为减少碳排放做自己的努力。

幸运的是，我们找到了ETFE这一环境友好型材料，与之结合的空气又是取之不尽用之不竭的，因此，ETFE气枕式膜结构被视为构成高效、生态化建筑外围护结构的不二选择。建筑是否满足人类在自然界中寻求庇护所的本能需求的争论一直不断。阿尔瓦 · 阿尔托的观点是：“每个建筑物的建造都隐含着人类对于伊甸园的憧憬。它们记录了人类试图在地球上建造伊甸园的不懈努力。”[3]其他更务实一些的观点则认为，建筑物就是人类为了弥补自身缺憾、抵御自然侵袭而建造的保护壳。[4]

ETFE气枕式膜结构系统少费多用的特性帮助人类克服了建筑建造过程中存在的许多缺憾，从而更加接近我们的理想王国。事实证明，该技术与环境协调良好并值得信赖。班汉姆的环境泡泡已由当初只保存一天的探索性试验品成长为今日成熟、耐久、可持续的生态技术成果。可控的透光率；保温、隔热、隔声性能；结合其他技术产生新能源；信息传达、视觉娱乐等，众多技术综合打造出灵活可控、多姿多彩的气枕式膜结构系统。ETFE气枕式膜结构印证了富勒的效率学说。它轻吻大地，同充气梦想结合，实现了人类多年来梦寐以求的理想。优雅的造型、自然能源的充分利用同高效承载力再一次达到有机的统一。

19

地球公园，佩拉，艾奥瓦
格雷姆肖事务所，2010
17–18__ 鹦鹉螺形状排列的三角形构架强化了空间网架的刚度
19__ 密闭膜顶笼罩了 1.6hm^2 的面积，亚马逊河植被维持了结构内碳循环平衡

1__ 专用名词"私人化的天空"来自 Joachim Krausse 和 Claude Lichtenstein 编辑的著作《R.Buckminster Fauller 的作品》，《Your Private Sky》（巴登：Lars Müller 出版商）1999。
2__Thomas Herzog.《充气式结构——一本关于充气式建筑的手册》（纽约：牛津大学出版社）1976，p.103。
3__Juhani Pallasmaa 和 Peter Mackeith．"关于历史和文化，"《建筑实录》（2007 年 6 月）p.106。
4__ 见 Ellen Lupton 的论文"Skin: New Design Organics，"《Skin》（纽约：普林斯顿建筑出版社）2002，pp.32–33。

ETFE 的未来

自从 18 世纪玻璃问世以来，人类一直在努力建造更轻巧、更通透的空间。1851 年建成的水晶宫无疑成为这种诉求付诸实践的代表。19 世纪末，嵌装玻璃的发明使玻璃顶棚成为可能。然而，直至 20 世纪 60 年代铝制边框和双层玻璃的出现最终才使玻璃应用于永久性建筑的顶棚上。无论是将街道改造成商场，还是将天井改造成中庭,如今玻璃的应用已经司空见惯。“公共的”外部空间已经与“私密的”建筑融合在了一起。

到了 20 世纪，建筑领域以富勒和奥托为代表的前瞻人物对人居环境作出了大胆的设想。他们试图将城市笼罩起来，使人类摆脱严酷气候的限制。战争促进了材料化学的发展，尤其是乙烯、丙烯等衍生物制品的出现使这些设想开始进入人们的视野。但受制于材料的热工性能、耐火性能和抵挡 UV 能力等不足，综合技术发展长期受到限制。

20 世纪 70 年代，ETFE 作为一种覆盖材料首次问世。尽管如此，其应用仍举步维艰。由于受制于 1.5m 宽幅面的尺寸制约，其首次应用是作为单层张拉膜使用。直至我的合作伙伴 Stetan Lehnert 发明了膜材焊接方法才促进了该技术的发展，焊接将窄条膜片可靠地连在一起，并保证焊接强度不低于母材的强度。看似简单的焊接技术，20 年来却只掌握在少数人的手里。直至今日，福伊特克公司的焊接技术仍然是市场上独一无二的，并且值得信任。

福伊特克公司的成长、技术的发展离不开富有创新精神的建筑师、工程师和客户的支持。自 1982 年阿纳姆动物园红树林温室改造项目建成以来，ETFE 材料技术便开始在欧洲的温室和休闲建筑中普及开来。由于这些建筑都是临时性的，客户对待此类项目通常以十年期不动产的价格支付费用，实际上它促进了许多欠成熟技术的应用。经济方面的考虑促成技术在极其

1

2

1-2__ 正在进行灯光调试的水立方游泳馆

复杂的建筑中应用，或用于高湿、高腐蚀性的环境，或用于获取太阳能。良好的防水、隔热性能，稳定的化学性质以及超长的耐久性都预示着 ETFE 在建筑领域将保有蓬勃的生命力。

自 1990 年加建伦敦切尔西和威斯敏斯特医院的顶棚开始，建筑逐渐形成围绕着教堂般巨大的中庭布置的形式，中庭成为利用太阳能加热或冷却空间的装置，因此一个能最大限度地获得太阳热量的顶棚显得尤为重要。该项技术在欧洲众多实践中被不断采用与完善。与此同时，新的挑战又接踵而至。2001 年，福伊特克公司完成的伊甸园工程是一项里程碑式的项目，它将 ETFE 技术推向了世界舞台。

此后，世界各地的、几乎所有的建筑类型中都出现了 ETFE 气枕式膜结构技术的身影，如巴黎时尚住宅、政府办公楼、组织机关或是体育场馆等。近几年来，我们一直不断见证着富勒和奥托概念性设计的付诸实施，北京的侨福花园芳草地广场、水立方游泳馆以及福斯特的成吉思汗后裔娱乐中心都是利用密闭外壳营造人工微气候环境方面的杰出代表。

现在断定 ETFE 过时与否，或是是否已成为进入主流建筑领域的技术都为时过早，我们还不能断言建筑形式的发展已经或将要受到该项技术的深刻影响。Lan Liddell 作为张拉膜与 ETFE 气枕式膜结构体系中的领军人物，对于近代建筑与结构技术的发展和衰落历史做过深入的研究。他从 20 世纪 60 年代开始研究混凝土壳体和空间网架结构，到 70 年代研究了张拉膜体系，80 年代他又开发了 ETFE 气枕式膜结构体系，他的研究课题的转变映射出建筑流行时尚的变迁。因此，我们也无法断定 ETFE 气枕式膜结构是否会同混凝土壳体结构一样最终被遗忘，或是会像幕墙结构一样在建筑结构领域长盛不衰。

为了评估 ETFE 的未来走势，我们有必要

3

4

5

梳理一下影响建筑发展的重要因素：降低建造成本及维护费用；持久耐用；环境友好；节省能耗并可循环利用等条件构成技术获得成功的主要因素。ETFE 不仅满足上述这些要求，而且在许多方面更超越了这些要求。它不仅经济性高、耐久性好，而且材料性能稳定、成倍节省能源，最终材料还可回收再利用。在双层或多层透明膜间充气构成的膜结构系统看似极其简单，实际上在真正投入符合标准和规范的实践过程中却面临着来自建筑及结构领域的诸多挑战，该技术是极其复杂的。

在我们的定式思维里，认为结构构件用材的多少将直接决定着建筑的安全性及强度。但就 ETFE 而言，材料用量的增加却有可能导致结构失效。因此我们必须意识到，ETFE 作为一种柔性材料，承载应力的方式在于传递和扩散而非对抗。材料能通过改变自身形态来提高承载能力。

传统结构常需要在特殊部位设计特殊节点以避免结构形变。与之相反，ETFE 气枕式膜结构中允许某一点的形变传递到整个表皮结构中，而非集中在少数的节点上。

在限制建筑发生弯曲、挠曲的问题上，传统结构同样采取的是加强节点强度的方式。ETFE 气枕内的空气具有缓解和降低挠曲程度的能力，减少材料用量的同时最大化满足不同条件下的使用需求。

在防火问题上，我们普遍认为大空间就意味着高风险，因此需配备大量的消防排烟设施。ETFE 气枕式膜结构具备的自排烟功能，或通过电热切割方式在需要的时候打通室内外间的屏障，可大大减少火灾的风险。

大部分的外壳结构都被视为室内外空间的分界。ETFE 气枕式膜结构却可以随心所欲地改变气候，允许操纵和控制自然的变化。它通过改变材料的透光率与保温隔热性能达到减少能

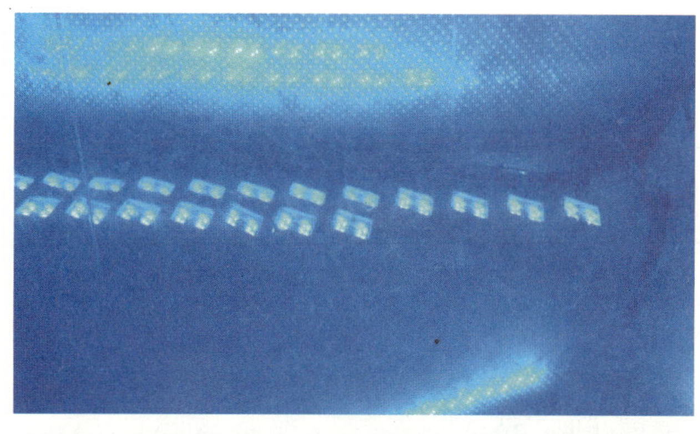

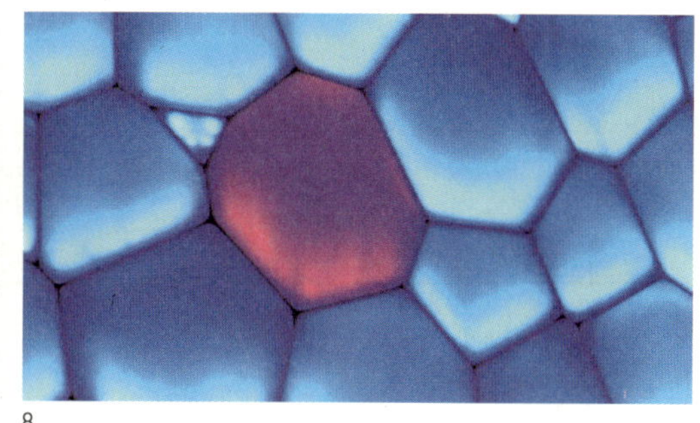

8

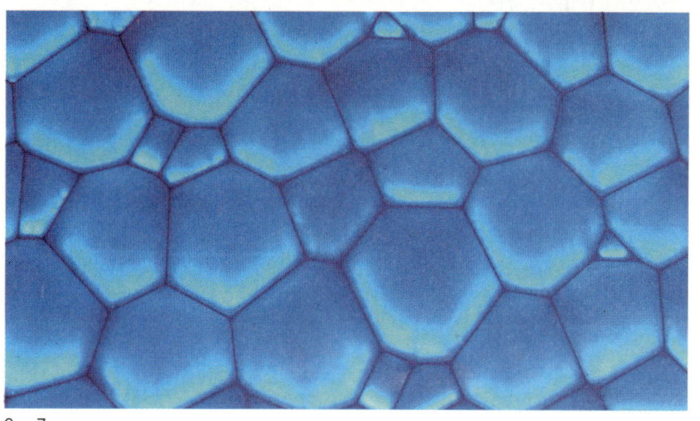

6 7

3–4__ 内外表皮层间的 LED 灯将建筑的表皮装饰的流光溢彩

5–8__ 除了产生被动的环境效能，水立方的 ETFE 表皮还极具观赏性

耗需求，提高建筑环境的舒适性的目的。

或许探讨膜结构是否会过时这个问题本身并不重要。就如同人类与自然的关系本应该是和谐共生而不应是征服占领一样，作为一种与其他结构体系结合良好的结构形式，扬长避短才是我们的本意。

同 17、18 世纪的工业革命一样，ETFE 的产生及发展同样被视作技术领域的一次革命。伴随着数字化时代的到来，信息技术开始充斥着我们的生活。建筑虽然是极端保守的领域，却同样可以窥视到数字化时代的端倪。

近年来出现在公共领域的商标、广告或标语让我们见识到信息化膜结构的成长。ETFE 无疑走在了这场革命的最前沿。原始的构思激发产生了马格纳航空展览馆和苍鹭轻轨站体，进而催生出巴塞尔和安联体育场，直至依据需求安装 LED 照明的北京国家游泳中心。如今，福伊特克公司安装在气枕表面的 LED 灯最终将信息传达功效赋予了气枕式膜结构。从大的范围来看，信息化膜面的产生也是社会意识领域下一种自然、人文的表达。伴随着技术领域一次次的变革，我们有理由相信 ETFE 技术还将在未来的岁月中不断的发展、成熟。

项目名录

红树林温室，伯格斯动物园（p.33–34）
阿纳姆，荷兰
1982
客户
建筑设计
承包商
ETFE 承包商

热带馆，伯格斯动物园（p.35）
阿纳姆，荷兰
1988
客户
建筑设计
结构工程
承包商
ETFE 承包商

切尔西和威斯敏斯特医院（p.72）
伦敦，英国
1990
客户
建筑设计
结构工程，建筑
结构工程，中庭顶棚
设备工程
消防工程
预算
承包商
ETFE 承包商

沙漠馆，伯格斯动物园（p.34）
阿纳姆，荷兰
1993
客户
建筑设计
结构工程
承包商
ETFE 承包商

汉普郡网球俱乐部（p.50）
伊斯特利，英国
1995
客户
建筑设计
结构工程
设备工程
承包商
ETFE 承包商

航空展览馆，马格纳工程（p.52–55）
罗瑟汉姆，南约克郡，英国
2000
客户
建筑设计
结构工程
设备工程
消防工程
预算
景观设计
展览设计
结构工程，航空展馆
ETFE 承包商

Cyclebowl（p.95–97）
汉诺威，德国
2000
客户
建筑和总体规划
结构工程
设备工程，结构技术，气候概念和外立面
布景
多媒体
螺旋展架
影片
照明
承包商
ETFE 承包商

Festo 技术中心（p.98）
Esslingen，德国
2000
客户
建筑设计
照明
硬件／软件
承包商
ETFE 承包商

Living 2000（p.85）
汉诺威，德国
2000
客户
建筑设计
结构工程
设备工程
承包商
ETFE 承包商

伊甸园工程（p.67–69）
湿热带和暖温带生物群落
St.Austell，康沃尔郡，英国
2001
客户
建筑设计
结构工程
设备工程
预算
承包商
项目管理
项目主管
计划主管
景观设计
消防工程
外观顾问
流线顾问
钢结构承包商
ETFE 承包商

英国国家太空中心（p.63）
莱切斯特，英国
2001
客户
建筑设计
结构工程
设备工程
消防工程
声学工程
外观顾问
预算
景观设计
承包商
项目管理
外饰面承包商

DBU 会议展示中心（p.49）
奥斯纳不吕克，德国
2002
客户
建筑设计
结构工程
膜结构工程
机械工程
能源技术顾问
声学工程
日光模拟和测量
景观设计
现场质量管理
ETFE 承包商

英国财政部大楼（p.75）
伦敦，英国
2002
客户
建筑设计
结构工程
设备工程
环境工程
物流管理
空间规划
消防工程
造价顾问
声学工程
景观设计
照明
历史建筑顾问
流线顾问
色彩顾问
主要承包商
ETFE 承包商

Kapuzinercarrée（p.74）
亚琛，德国
2002
建筑设计
结构工程
特殊结构分析
建筑设备
外观顾问
建筑物理
照明
测量
消防工程
景观设计
ETFE 承包商

洛杉矶城市艺术博物馆（p.65）
洛杉矶，加利福尼亚，美国
2002，竞赛项目
建筑设计
结构工程
设备工程
预算

皮卡迪利火车站（p.50）
曼彻斯特，英国
2002

客户
建筑设计
结构工程
预算
承包商
ETFE 承包商

苍鹭站，码头区轻轨（p.127）
伦敦，英国
2003
客户
建筑设计
轻轨和结构工程
设备工程
消防工程
预算
照明
承包商
ETFE 承包商

Meiderich 剧院（p.60-62）
杜伊斯堡，德国
2003
客户
建筑设计
保护顾问
结构工程，伸缩顶棚
结构工程，既有结构
设备工程
钢铁承包商，屋顶机械
ETFE 承包商

英国国家美术馆（p.76）
伦敦，英国
2003
客户
建筑设计
承包商
ETFE 承包商

Elypso 游泳馆（p.41）
德根多夫，德国
2003
建筑设计
结构工程，屋顶
结构工程，膜结构
承包商
ETFE 承包商

设计学院艺术中心，南校区（p.104-111）
帕萨迪纳，加利福尼亚，美国
2004
客户
建筑设计
结构工程，中庭
结构工程，建筑加固
结构工程，天窗
设备工程
土木工程
规范咨询
可持续性
平面设计
标示设计
声学设计
通风系统
承包商
施工管理
ETFE 承包商

DomAquarée（p.118-121）
柏林，德国
2004
客户
建筑设计
景观设计
项目控制
技术协调
结构工程
机械工程
施工管理
质量管理
照明
电梯
外观顾问
声学工程
能量流及模拟
消防工程
水族箱
ETFE 承包商

Jean-Paul Gaultier 总部（p.77）
巴黎，法国
2004
客户
建筑设计
结构工程
设备工程
ETFE 承包商

金斯德尔中学（p.99–103）
伦敦，英国
2004
客户
建筑设计
结构工程
设备工程
质量监理
项目管理
声学工程
照明、通风和声学设计
承包商
钢结构工程
ETFE 承包商

巴塞尔人广场上的卵形建筑（p.56–57）
法兰克福，德国
2004
客户
建筑设计
结构工程
设备工程
主要承包商
ETFE 承包商

田中商系，伦敦帝国商学院（p.116–117）
伦敦，英国
2004
客户
建筑设计
结构工程
项目管理
照明
设备工程
计划主管
预算
消防工程
声学工程
外观顾问
行人分析
ETFE 承包商

安联球场（p.128–131）
Fröttmaning，慕尼黑，德国
2005
客户
建筑设计
体育建筑
碗形结构和屋顶结构设计竞赛方案
碗形结构设计，施工
立面结构设计
充气表皮计算
设备工程
项目管理和预算
审核
钢铁承包商
照明设计和承包
ETFE 气枕制造商
ETFE 承包商

Frøsilo Flats 住宅楼（p.58–59）
哥本哈根，丹麦
2005
客户
建筑设计
结构工程
设备工程
承包商
景观设计
ETFE 承包商

商业中心（p.122）
雅典，希腊
2005
建筑设计
承包商
ETFE 承包商

克拉克码头（p.81–83）
新加坡
2006
客户
建筑设计
当地建筑设计和结构工程单位
工程学专家
概念工程师
环境工程
设备工程
承包商
外观顾问
ETFE 承包商

圣雅各布体育场（p.132–135）
巴塞尔，瑞士
2006
客户
建筑设计
结构工程

承包商
ETFE 承包商

南十字火车站（p.78–80）
墨尔本，澳大利亚
2006
客户
建筑设计
联合设计
主要承包商
结构工程
设备工程
环境工程
铁路设施
信号发射
行人分析
失能管理
安保
声学工程
顶层商业细部设计
ETFE 承包商

愉景湾学校（p.84）
香港，中国
2007
客户
项目管理
建筑设计
结构、土木和土力工程
建筑设备工程
预算
环境和场地测量顾问
景观顾问
ETFE 承包商

约翰 · 惠特利大学（p.112–113）
格拉斯哥，英国
2007
客户
客户顾问
建筑设计
结构工程
设备工程
顾问
餐饮
景观设计
承包商
ETFE 承包商

换乘站台，5 号候机楼，希斯罗机场（p.123–125）
伦敦，英国
2008
客户
建筑设计
总策划和首席设计
合作者
土木工程
结构工程
设备工程
预算
施工管理
主要承包商

换乘站台
首席设计
结构工程
主要承包商
钢结构工程
设备承包商
电梯
玻璃及配件 – 设计和安装
玻璃及配件 – 生产和供应
ETFE 承包商

成吉思汗后裔帐篷娱乐中心（p.138–139）
阿斯纳塔，哈萨克斯坦
2008
客户
建筑设计
承包商
结构工程
设备工程
当地建筑设计单位
当地结构工程单位
当地设备工程单位
零售顾问
景观顾问
消防顾问
索网结构设计
索网结构承包商
ETFE 承包商

国家游泳中心（p.86–93）
北京，中国
2008
客户
建筑设计

首席顾问
结构工程
设备工程
消防工程
项目管理
专家顾问
主要承包商
ETFE 承包商

侨福花园芳草地（p.140-143）
北京，中国
2008
客户
建筑设计
工程管理
当地建筑设计单位
建筑物理
结构、设备和消防工程
预算
外观顾问
照明
ETFE 承包商

地球公园（p.145）
佩拉，艾奥瓦，美国
2010
客户
建筑设计
联合设计
结构工程
设备工程
展示设计
承包商

作者简介

安妮特 · 勒古耶

安妮特 · 勒古耶是一名建筑设计师、评论家和教育家。曾就读于建筑联盟（Architectural Association），并长期在伦敦工作，她所撰写的建筑著作在欧洲和北美均有发行。作为《超越钢结构——金属建筑新技术》的作者，安妮特 · 勒古耶的著作内容涉及现代建筑及建筑技术等诸多方面。同时，她还是《建筑评论》（Architectural Review）杂志的定期撰稿人。目前，她是水牛城纽约州立大学的建筑学教授。

Stefan Lehnert

Stefan Lehnert 博士曾在汉诺威工业大学（Hanover University of Technology）研究机械工程。此外他还在不伦瑞克理工大学（Braunschweig University of Technology）获得了工商管理学位并完成了题目为《战略性管理进程》（strategic management processes）的哲学博士论文，1982 年维克多－福伊特克小组（Vector Foiltec Group）在此基础上成立。自从 ETFE 系统在建筑领域的应用研究开展以来，Stefan Lehnert 一直作为不来梅福伊特克公司（Vector Foiltec）的主管和合作伙伴。他在机械工程方面的研究改良了 ETFE 焊接设备，与此同时，他在高级别海洋帆船比赛上的经历也为解决 ETFE 膜结构系统中出现的问题提供了大量帮助。

Ian Liddell

Ian Liddell 是一名结构工程师，曾在剑桥大学攻读机械科学专业并在伦敦帝国理工学院（Imperial College）获得混凝土结构方向的毕业证书。作为布罗 · 哈珀德事务所（Buro Happold）的创始人之一，他曾先后作为设计师和结构师参与建造伦敦千年穹顶和悉尼歌剧院等项目，并在标志性屋顶的建造过程中扮演重要角色。目前，Ian Liddell 仍在担任哈珀德事务所的顾问。1999 年，他被结构工程师协会授予金奖，并担任剑桥大学土木工程学院结构工程方面的皇家客座教授。

Ben Morris

Ben Morris 是一名建筑师、设计师和产品制造商。他曾就读于鸿西艺术学院（Hornsey College of Art），并在多所学校研修建筑学。Morris 是伦敦福伊特克公司的主管和合作伙伴，负责多项有关 ETFE 的重要设计和技术研发工作。他热衷于航海，很多重要结构理论都曾事先在海中做过测试。

参考书目

图书

Banham, Reyner. *Age of the Masters* (New York, Evanston, San Francisco, London: Harper & Row Publishers) 1975.

Banham, Reyner. *The Architecture of the Well-tempered Environment* (London: The Architectural Press Ltd.) 1969.

Beukers, Adriaan and Ed van Hinte, editors. *Lightness* (Rotterdam: 010 Publishers) 1998.

Bruno, Leonard C. *The Tradition of Technology* (Washington DC: The Library of Congress) 1995.

Calvino, Italo. *Six Memos for the Next Millennium* (New York: Vintage International) 1993.

Cook, Peter, editor. *Archigram* (New York: Princeton Architectural Press) 1999. (Originally published by Birkhäuser, 1972).

Dessauce, Marc, editor. *The Inflatable Moment* (New York: Princeton Architectural Press and The Architectural League of New York) 1999.

Dent, Roger N. *Principles of Pneumatic Architecture* (New York: Halstead Press Division, John Wiley & Sons, Inc.) 1972.

Foster Associates (London: RIBA Publications Ltd.) 1979.

Fuller, Richard Buckminster. *Nine Chains to the Moon* (Garden City: Anchor Books) 1971. (First published in 1938.)

Fuller, Richard Buckminster. *Utopia or Oblivion* (New York: Bantam Books) 1969.

Herzog, Thomas. *Pneumatic Structures – A Handbook of Inflatable Architecture* (New York: Oxford University Press) 1976.

Hix, John. *The Glass House* (London: Phaidon Press Ltd.) 1974.

Inflatable Structures in Space: Hearing before the Committee on Science and Astronautics, US House of Representatives (Washington DC: US Government Printing Office) 1961.

Koch, Klaus-Michael and Habermann, Karl J., editors. *Membrane Structures* (Munich, Berlin, London, New York: Prestel Verlag) 2004.

Krausse, Joachim and Lichtenstein, Claude, editors. *Your Private Sky – Buckminster Fuller* (Baden: Lars Muller Publishers) 1999.

Lupton, Ellen. *Skin* (New York: Princeton Architectural Press) 2002.

Mallory, Keith and Ottar, Arvid. *The Architecture of War* (New York: Pantheon Books) 1973.

McKean, John. *Crystal Palace* (London: Phaidon Press Ltd.) 1994.

Mori, Toshiko, editor. *immaterial/ultramaterial* (Harvard Design School and George Brazillier, Inc.) 2002.

Nerdinger, Winfried. *Frei Otto Complete Works* (Basel, Boston, Berlin: Birkhäuser) 2005.

Otto, Frei. *Tensile Structures* (Cambridge: MIT Press) fifth printing, 1982. (Originally published as *Zugbeanspruchte Konstruktionen* (Frankfurt: Ullstein Verlag) Volume 1, 1962; Volume 2, 1966.)

Payne, Lee. *Lighter than Air* (New York: Orion Books) 1977.

Sadler, Simon. *Archigram – Architecture without Architecture* (Cambridge and London: MIT Books) 2005.

Schama, Simon. *Citizens – A Chronicle of the French Revolution* (New York: Alfred A. Knopf) 1989.

Schiers, John. *Modern Fluoropolymers* (Chicester: John Wiley + Sons) 1997.

Tchoban, Sergei. nps tchoban voss architekten. *The DomAquarée* (Hamburg: Junius Verlag GmbH) 2004.

The Cutting Edge – An Encyclopedia of Advanced Technologies (New York: Oxford University Press) 2000.

Topham, Sean. *Blowup* (Munich, Berlin, London, New York: Prestel Verlag) 2002.

文章

"Allianz Arena in München," *DETAIL* (Number 9, 2005) pp. 950–980.

Allison, David. "A great balloon for peaceful atoms," *Architectural Forum* (November 1960) pp. 142–145, 204.

Allison, David. "Those Ballooning Air Buildings," *Architectural Forum* (July 1959) pp. 134–139.

Banham, Reyner. "A Home is Not a House," as reprinted in Ockman, Joan, editor. *Architectural Culture* 1943–1968 (New York: Rizzoli/Columbia Books on Architecture) 1993.

Banham, Reyner. "Monumental Wind-bags," *Arts in Society* (18 April 1968) pp. 569–570.

Geiger, David. "US Pavilion at Expo 70 features air-supported cable roof", *Civil Engineering – ASCE* (March 1970) pp. 48–50.

Happold, Ted. "Chariots of Fire," *Patterns 5* (May 1989) pp. 2–7.

Kennedy, Sheila. "Material Presence: The Return of the Real," *Material Misuse* (London: AA Publications, 2001), pp. 4–21.

Liddell, Ian. "A Covered Northern Township, Alberta," *Patterns 1* (October 1987) pp. 16–17.

Liddell, Ian. "The Engineering of Surface Stressed Structures," *Patterns 5* (May 1989) pp. 2–7.

Otto, Frei. "Contribution à l'architecture pneumatique – Victor Lundy," *Architecture d'aujourd'hui* (June–July 1962) pp. 85–88.

Pallasmaa, Juhani and MacKeith, Peter. "On History and Culture," *Architectural Record* (June 2007) p. 106.

"Pneu World," *Architectural Design* (June 1968) pp. 257–279.

Roke, Rebecca. "Southern Skies," *The Architectural Review* (February 2007) pp. 52–59.

Schwitter, Craig. "Use of ETFE foils in lightweight roof constructions," *Proceedings of the IASS-ASCE International Symposium 1994 on Spatial, Lattice and Tension Structures*, pp. 622–631.

Sharp, W. "Air Art," *Architectural Design* (March 1968) p. 99.

Sorkin, Michael. "Frozen light," *architecture + process: gehry talks* (New York: Universe Publishing) 2002.

Steiner, Hadas. "The forces of matter," *The Journal of Architecture* (Volume 10, Number 1, 2005), pp. 91–109.

Wigginton, Michael. "Eden Regained: Nicholas Grimshaw + Partners in Cornwall," *Architecture Today* (June 2001) pp. 44–58.

插图目录

Abaris Books: p13/6 from *The Illustrated Bartsch*, Vol 82 *German Book Illustration before 1500*, #1478/156 [8.359], p. 30.

Dennis Crompton / © Archigram: p. 25/26

Arup: p. 37/13, p. 63/55–56, p. 69/72, p. 88/51, p. 128/6–7, p. 129/9, p. 130/12, p. 131/14–16

Arup/CSCEC/PTW: p. 87/47–49

ArupSport: p. 129/10, p. 130/11

Asahi: p. 33/1, p. 71/1

BAA: p. 123/28, p. 124/29–30, p. 125/31–35

Bingham Cotterell: p. 54/25

Birdair, Inc.: p. 21/14, p. 29/43–47

Braun, Andreas: p. 33/2, p. 34/3 and 5–6, p. 35/8–9, p. 56/30–31, p. 57/34–35, p. 74/9–10, p. 98/13–15, p. 132/18, p. 133/19–20, p. 134/22 (www.fotodesignandreasbraun.de)

Buro Happold: p. 7/1, p. 8/2–3, p. 9/4–5, p. 28/37–42, p. 72/3–5, p. 139/5

Buro Happold/Mandy Reynolds: p. 51/14–16

Chan, Benny: p. 104/35, p. 105/36–37

Coyne, Roderick: p. 127/2–3

Dallegret, François: p. 24/24 (© 2007, ProLitteris, Zurich)

Daly Genik: p. 105/38–39, p. 106/42–43, p. 107/45, p. 108/46–50, p. 109/51–52, p. 110/53–55, p. 111/56–58

Davis Brody Bond, LLP: p. 27/33–35

DETAIL: p. 130/13, p. 131/17

de Rijke Marsh Morgan Architects: p. 99/16–18, p. 101/22–25, p. 102/26, 27 and 30, p. 103/32–33 (photographer: Alex de Rijke); p. 100/19–21, p. 102/28–29

Foster and Partners: p. 30/48 (photographer: Gus Coral); p. 30/49, p. 31/50–51, p. 116/6, p. 138/3, p. 139/4

Fuller, Estate of R. Buckminster: p. 17/1–2, p. 18/3, p. 19/5

Garber, Maurey: p. 18/4

Grimshaw: p. 63/57, p. 67/67, p. 69/73, p. 78/21–22, p. 144/17–18, p. 145/19

Hamm, Hubertus: p. 129/8

Hooper, Perry/Grimshaw: p. 67/65

Kober, Bertram/PUNCTUM: p. 49/7–8

Integrated Design Associates: p. 84/39–41, p. 140/7–10, p. 141/11, p. 142/12–14

Institut für Leichtbau, Entwerfen und Konstruieren (ILEK): p. 19/6, p. 20/7

Lehoux, Nic: p. 106/40–41, p. 107/44

Leiden University Library: p. 14/7 [P 315 II 44]

Library of Congress, Prints and Photographs Division: p. 11/1–2, p. 12/3

Lundy, Victor: p. 22/17, p. 23/21–22 (photographer: Mozart); p. 22/19–20 (photographer: USIS); p. 23/23 (photographer: George Cserna)

Maelsa, Tom: p. 118/11, p. 120/16, p. 121/20–21

McGrath, Shannon: p. 77/25–26

McMillan, Ben: cover photograph, p. 86/45, p. 92/60

NASA: p. 24/25

National Air and Space Museum, Smithsonian Institution: p. 13/5 (SI 85-3941)

OMA: p. 64/59–60, p. 65/61

Ortner + Ortner Baukunst: p. 25/27–28, p. 137/1–2

planinghaus architekten: p. 60/46–49, p. 61/50–51, p. 62/52–54

San Tzer Ning, Jeremy: p. 79/32, p. 82/35, p. 83/36–38

SKM anthony hunts: p. 66/63, p. 68/69, p. 69/71, p. 69/74–75

SMC Alsop: p. 81/31 and 33, p. 82/34

Thomas Herzog und Partner: p. 49/9–10

V+A Images, Victoria and Albert Museum: p. 15/8 (photographer: Benjamin Brecknell Turner)

University Archives, State University of New York at Buffalo: p. 21/11–13 and 15–16, p. 22/18, p. 26/32 (photographer: Walter Bird)

Wilkinson Eyre Architects: p. 52/17, p. 53/18–19 and 22–23, p. 55/27–28

Young, Nigel/Foster and Partners: p. 75/12–14, p. 116/3, 5 and 7, p. 117/8–10

下列图片出自如下出版物：

p. 12/4: Mallory, Keith and Ottar, Arvid. *The Architecture of War* (New York: Pantheon Books) 1973, p. 286.

p. 20/8–10: "Pneu World," *Architectural Design*, June 1968, p. 268, from *Report of the Proceedings of the First International Colloquium on Pneumatic Structures*, 1967, University of Stuttgart.

p. 26/29–31 and p. 27/36: Herzog, Thomas. *Pneumatic Structures – A Handbook of Inflatable Architecture* (New York: Oxford University Press) 1976, pp. 49, 155 and 157.

所有其余插图由 Vector Foiltec 提供。

已尽全力确认版权所有者。出现的错误或遗漏将在以后的版本中更正。

致谢

感谢我在福伊特克公司的合作伙伴 Ben Morris 和 Stefan Lehnert，由于他们慷慨的将时间、精力和这么多年从事 ETFE 工作中所获得的知识奉献出来，才使这本书得以成功出版。作为布罗·哈珀德事务所的创始人，Ian Liddell 同样功不可没，他的努力不仅为这项创新型技术的成功应用打下了坚实的基础，而且使我们意识到该技术在近代历史上的影响力及具有的巨大潜能。很多在福伊特克公司的工作人员也不遗余力地为本书收集信息和图片，特别是 Sinead Galvin、Emma Rowett 和 Sabine Shaw。在此对他们坚持不懈的努力工作表示由衷的感谢。

水牛城纽约州立大学以多种方式对本书给予了帮助。首席设计师 Mehrdad Hadighi 给予的鼓励令我受益匪浅。学校的同事——Maryanne Schultz、Dorothy Tao、Doug McCallum、Chris Trent 和 Bruce Majkowski——在图片收集和整理方面不断提供帮助。特别要感谢研究生 Haleh Mousavi 和 Erina Ardianto 在图片整理上所做的工作。

本书的出版离不开同项目名录中的建筑师、结构师以及关注建筑进展的摄影师的合作。除此以外，也要感谢参与档案图片查找工作的相关人员。对于以下团体或个人给予的帮助一并表示感谢：

Atelier Bruckner 事务所的 Claudia Luxbacher；建筑设计联合事务所（Building Design Partnership）的 David Cash；Daly Genik 事务所的 Meara 和 Kevin Daly；de rijke marsh morgan 事务所的 Alex de Rijke 和 Ciara Devine；Herzog+Partner 事务所；格林姆肖（Grimshaw）事务所的 Andrew Whalley、Dominique Jenkins 和 Carly Vandenberg；Ingenhoven Overdiek and Partner 事务所的 Markus Kersting；Ahrends Burton and Koralek 事务所的 Sheena Cruse；综汇建筑设计有限公司（Integrated Design Associates）的 Winston Shu、Brenda Zonnevylle 和 Idy Wan。MVRDV 事务所的 Paula van Baak；大都会建筑事务所（OMA）的 Stephan Petermann；planinghaus architekten 事务所的 Jens Daube；PTW 建筑事务所的 Chris Bosse；Rogers Stirk Harbour and Partners 事务所的 Amarjit Kalsi 和 Jenny Stephens；BAA 公司的 Antonia Kimberley；Albert Speer & Partner 公司的 Dirk Kahl 和 Jeanine；SMC Alsop 事务所的 Yanire Sylva 和 Stephen Pimbley；威尔金森·埃尔事务所（Wilkinson Eyre）事务所的 Emma Keyte；Willen 建筑师事务所的 Jürgen Willen；SKM 安东尼·亨茨公司（SKM Anthony Hunts）的 Alan Jones 和 Chrissie Herring；奥雅纳工程咨询有限公司（Arup）的 Pauline Shirley 和 Tristram Carfrae；布罗·哈珀德事务所（Buro Happold）的 Mark Cook、Mike Sefton、Greg Carpenter 和 Richard Weldeer；DETAIL 的 Alexander Felix；Andreas Braun 图片设计公司（Fotodesign Andreas Braun）的 Andreas Braun；PUNCTUM Photographie 的 Marianne Portius–Wunsher；哈姆工作室（Studio Hamm）的 Jan Schunke；查找英国建筑电信派（Archigram）图片的 Dennis Crompton 和 Shelley Power；朝日集团（Asahi）的 Yoshihisa；Abaris Book 公司的 Anthony S.Kaufmann；伯德有限公司（Birdair）的 Melissa Runfola；Davis Brody Bond 公司的 Wellington Harrison 和 Christey Robinson；巴克敏斯特·富勒地产（Estate of R.Buckminster Fuller）的 John Ferry；Herbert Fitz 博士；Ortner + Ortner Baukunst 事务所的 H.Palme；ILEK（Institut für Leichtbau, Entwerfen und Konstruieren）研究所的 Gabriela Metzger；帝国战争博物馆（Imperial War Museum）的 Yvonne Oliver、Tom Eaton 和 Laura Clouting；莱顿大学图书馆（Leiden University Library）的 Anneke Beekhof；史密森摄影服务中心（Smithsonian Photographic Services）的 Kate Lgoe；V+A 图像所的 Rachel Lloyd；ProLitteris 工作室的 Virginia Suter；François Dallegret、Mary Banham 以及 Victor A.Lundy。

由衷地感谢编辑 Ria Stein 对书中细节的耐心审阅，并为本书的成型出版给予莫大的帮助。对于 envision+ 公司 Esther Mildenberger 所做的平面设计同样予以感谢。

纵观本书对于专业学术的探讨过程，Brian Carter 不仅奉献出大量的工作时间并提供工作地点，而且在精神上给予我支持，他那具有批判性的眼光令我受益良多。